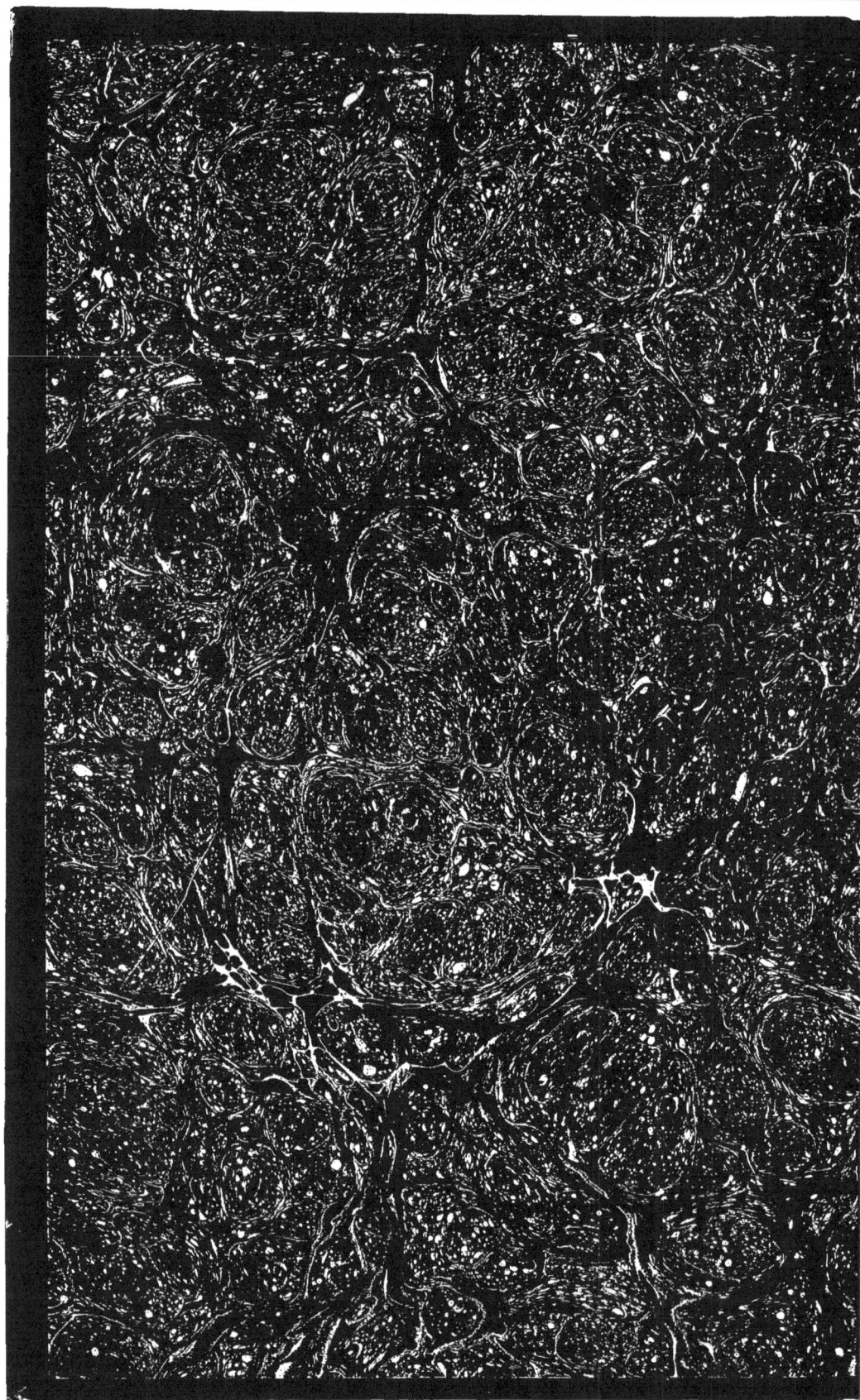

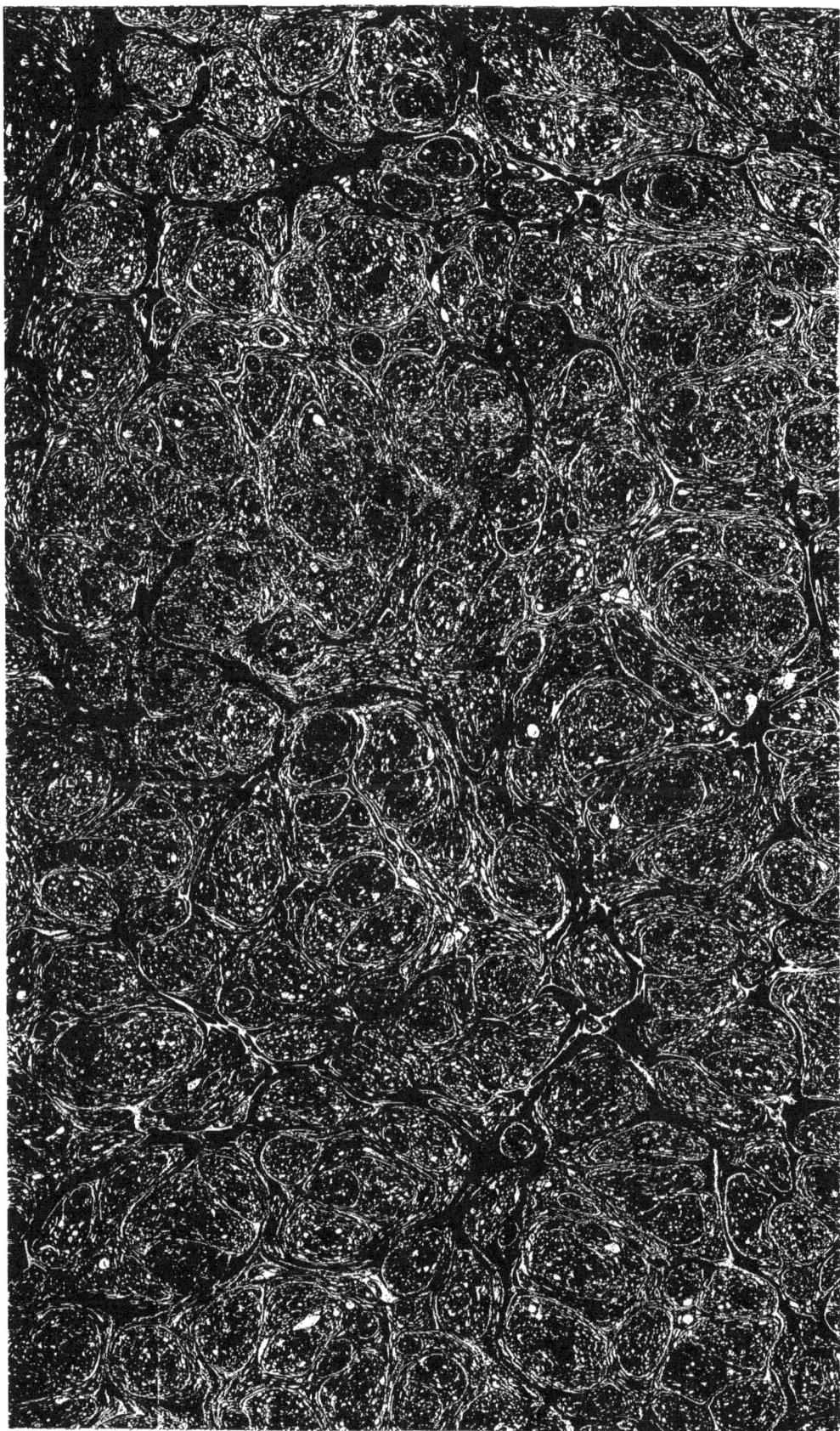

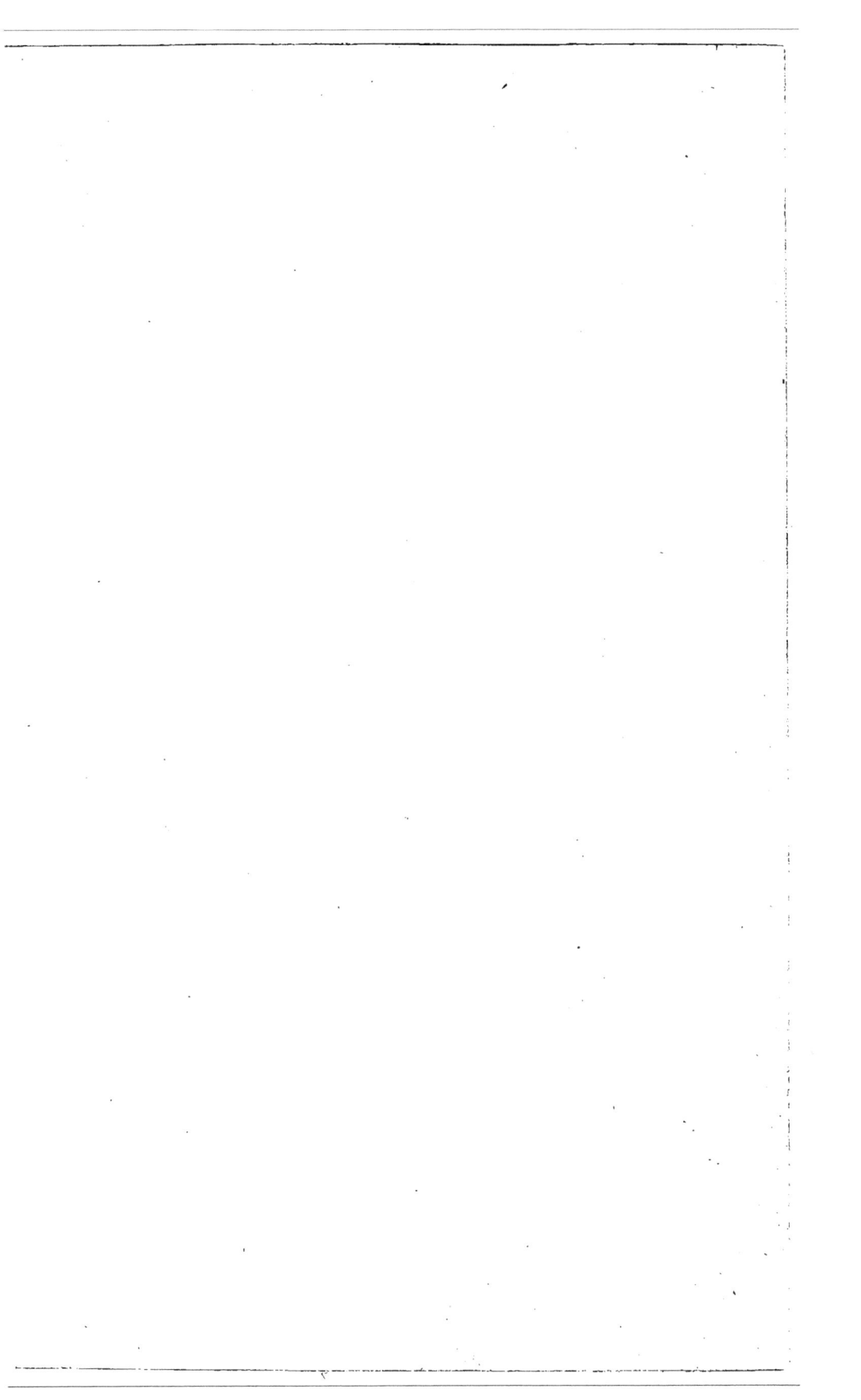

5574

# PANTHÉON

## DE

# LA JEUNESSE

## VIE DES ENFANTS CÉLÈBRES

DE TOUS LES TEMPS ET DE TOUS LES PAYS.

illustré

**PAR ROQUEPLAN, GAVARNI, C. NANTEUIL, GENIOLE, H. MONIER, CHALLAMEL, BARON, DE VALENTINI, ETC.**

### Première Partie.

## JEUNES GENS CÉLÈBRES.

*1re Livraison.*

Emile Wattier     H. BREVAL.

**A Paris, au Bureau, rue de Seine-Saint-Germain, 10.**

CHEZ AUBERT ET Cie, GALERIE VÉRO-DODAT.

## CONDITIONS DE LA SOUSCRIPTION.

---

LE PANTHÉON DE LA JEUNESSE sera divisé en deux parties.

| PREMIÈRE PARTIE. | DEUXIÈME PARTIE |
|---|---|
| ### LES JEUNES GENS CÉLÈBRES. | ### LES JEUNES FILLES CÉLÈBRES. |

On pourra souscrire, soit aux deux parties, soit séparément, à l'une ou l'autre des deux.

*Il paraîtra une ou deux livraisons le samedi de chaque semaine.*

Chaque livraison sera composée de seize pages de texte, contenant au moins cinq gravures sur bois, et d'un beau dessin séparé du texte, imprimé sur magnifique papier vélin en deux teintes en camaïeux, à la manière anglaise. Chaque partie sera précédée d'un magnifique frontispice.

### Prix de chaque livraison : 50 centimes.

En payant dix livraisons d'avance, on recevra l'ouvrage à domicile, franco.

Les personnes qui souscriront au Bureau pour cinq exemplaires recevront le sixième gratis.

Le volume complet contiendra vingt livraisons, et sera terminé pour le 1er décembre prochain.

---

### On souscrit :

**A PARIS, AU BUREAU, RUE DE SEINE-SAINT-GERMAIN, 10 ;**

CHEZ AUBERT ET Cie, GALERIE VÉRO—DODAT,

ET CHEZ TOUS LES LIBRAIRES.

Paris.—Imprimerie de Ve Dondey-Dupré.

PANTHÉON DE LA JEUNESSE.

---

# VIES DES ENFANTS CÉLÈBRES

DE TOUS LES TEMPS ET DE TOUS LES PAYS.

PARIS. — IMPRIMERIE DE V<sup>e</sup> DONDEY DUPRÉ,

rue Saint-Louis, 46, au Marais.

ENFANTS CÉLÉBRES.
1re PARTIE.
FRONTISPICE.

Challamel lith

# PANTHÉON DE L'HISTOIRE

## ENFANTS CÉLÈBRES

DE TOUS LES TEMPS ET DE TOUS LES PAYS

PAR

### J. CABOCHE DEMERVILLE,

Dessins

Par Gérard, Louis Garneray, Émile Wattier, Challamel

PARIS

# PANTHÉON DE LA JEUNESSE.

## VIES

DES

# ENFANTS CÉLÈBRES

DE TOUS LES TEMPS ET DE TOUS LES PAYS,

PAR

## J. CABOCHE DEMERVILLE,

Illustrées

Par Gavarni, Louis Garneray, Émile Wattier, Challamel, J. Caboche,
Célestin Nanteuil, Cabasson, H. Monnier,
Geniole.

## PARIS,

AU BUREAU DU PANTHÉON DE LA JEUNESSE,

RUE DE SEINE, 10.

MDCCCXLII

Première Partie.

# JEUNES GENS CÉLÈBRES.

# INTRODUCTION.

En écrivant la vie des enfants célèbres, en la propo-
sant à l'admiration d'en-
fants comme eux, l'auteur
n'a pas eu, Dieu merci, la
folle pensée de faire naître
dans le cœur de ses jeunes
lecteurs l'amour d'une célébrité précoce. Il n'est pas
cependant de ceux qui con-
damnent absolument la no-
ble ambition de la gloire comme indigne de la véritable modestie et de l'humilité chrétienne. Mais il met
le bonheur au-dessus de tous les biens, et il ne croit
pas que la célébrité soit le bonheur.

Nous vivons sous une forme de gouvernement qui
excite et légitime toutes les ambitions ; nous vivons

dans un siècle où chacun est entraîné par des désirs immodérés de fortune et de luxe. La célébrité donne assez souvent les richesses, et l'amour de la célébrité a gagné tout le monde : depuis le boutiquier le plus obscur jusqu'à l'orateur, le poète le plus célèbre, chacun cherche à faire proclamer son nom par les mille voix de la publicité.

L'auteur ne saurait assez condamner son livre s'il avait en le publiant donné un nouvel élément, quelque minime qu'il soit, à cette maladie de notre époque.

Il ne croit pas être tombé dans cette faute grave. S'il a parlé, comme cela était nécessairement de son sujet, des enfants qui ont acquis la célébrité par leurs talents précoces, s'il leur a payé un juste tribut d'admiration et de louanges, il n'a jamais déguisé les dangers et les tourments de la gloire.

Les auteurs qui ont écrit jusqu'à ce jour la vie des enfants célèbres n'ont parlé, pour la plupart, que des enfants qui ont brillé par des qualités phénoménales, des talents extraordinaires. On n'a pas cru, dans cet ouvrage devoir suivre un pareil exemple.

Les vertus simples, naïves, obscures de la famille, les qualités du cœur ont eu aussi leurs jeunes héros : des enfants se sont distingués par des actes de courage, de dévouement, de probité, de bravoure, de bienfaisance ; on les a recherchés avec un soin scrupuleux, avec une sollicitude empressée. Nous n'avons fait aucune distinction entre les vertus privées et les vertus publiques. Nous avons placé sur la même ligne l'immortelle Jeanne d'Arc, M$^{lle}$ Julie d'Angenne et la pauvre Mariette, le savant Pic de la Mirandole et l'industrieux et bon Micheli.

Les enfants d'aujourd'hui, ceux qui seront des hommes actifs et puissants quand l'âge ou la mort nous aura glacés, la génération qui vient sera-t-elle plus instruite que la génération qui s'en va? Il faut bien l'espérer. La statistique nous l'assure; elle nous dit chaque année combien d'écoles nouvelles ont été ouvertes, à combien s'élève le chiffre des enfants qui les fréquentent. Nos fils seront donc plus savants que leurs pères, seront-ils meilleurs? Elevés parmi les loisirs de la paix, sous un gouvernement populaire, formeront-ils un peuple plus grand, plus uni, plus honorable, plus dévoué que nous qui avons reçu l'éducation au milieu des tourments de la guerre, ou sous un gouvernement d'aristocratie? Grave question qu'il importe d'examiner aujourd'hui et non pas demain. L'éducation fait les hommes, et quand les hommes sont faits, il faut les subir leur vie durant, et la vie d'une génération est longue.

Assez de livres sont faits pour l'instruction de la jeunesse, celui-ci aura rempli son but s'il est de quelque utilité pour son éducation. L'auteur ne songe jamais sans frémir à l'indifférence religieuse qu'on affiche dans la plupart des colléges de France, où un professeur n'ose pas le plus souvent prononcer devant ses élèves les mots sacrés religion et morale. Pour lui, il regarde le christianisme comme la plus simple et la plus sublime de toutes les religions, comme le dernier mot, la plus parfaite expression de toute civilisation. Il n'a cessé de faire ressortir dans tout le cours de cet ouvrage les divines vérités qu'il enseigne.

On n'a pas seulement écrit la vie des enfants morts au sein de leur gloire précoce, on a pensé que ce serait une lecture pleine de pénibles émotions que celle de cette longue suite d'enfants moissonnés à l'aurore de la vie.

On a donc admis, dans ce Panthéon de la Jeunesse, non-seulement les enfants célèbres, mais encore ceux qui, après une jeunesse obscure, mais laborieuse, sont devenus des hommes éminents. Ces dernières existences sont plus fécondes en enseignements et peut-être aussi en intérêt. N'est-ce pas, en effet, un spectacle consolant que de voir de pauvres enfants lutter avec une persévérance intrépide contre le malheur de leur naissance, et s'élever par leurs propres forces jusqu'aux plus hautes positions sociales? Ces exemples, assez communs, prouveront aux enfants que la considération et la fortune ne manquent jamais d'arriver à ceux qui les veulent conquérir par le travail et l'étude.

LES ENFANS D'ÉDOUARD.                    Géniole inv.ᵗ

Imp d'Aubert & Cⁱᵉ.

## LES ENFANTS D'ÉDOUARD.

oici deux pauvres petits princes qui seraient restés confondus parmi la foule de ces rois dont l'histoire n'a rien à mentionner que la date de leur naissance et de leur mort, si une belle peinture de Paul Delaroche, si une tragédie touchante de Casimir Delavigne, deux grands artistes de ce temps-ci, ne les avaient rendus plus célèbres que ne l'ont fait tous les historiens ensemble. Ce que peut le génie!

L'aîné de ces deux enfants, Édouard, prince de Galles, avait à peine treize ans quand il eut le malheur de devenir roi d'Angleterre, par la mort de son père, Édouard IV.— An de J.-C. 1483. — Richard, duc d'York, son frère,

---

[1] Cette lettre représente les armes d'Angleterre surmontées de la couronne royale.

entrait dans sa neuvième année. Richard était blond, beau comme un ange, mais vif, joueur, espiègle comme un lutin, plein de courage et d'ardeur : tête chaude, bon cœur ! Édouard était déjà calme, digne, noble, mais aussi déjà sérieux et triste comme un roi ; de plus, il était d'une faible santé. Tous deux étaient aimables, bons, généreux, et, de caractères différents, ils s'aimaient d'un amour égal et dévoué.

A cette époque, l'Angleterre offrait au monde un spectacle épouvantable ; depuis long-temps deux familles rivales, York et Lancastre, se disputaient le pouvoir ; l'échafaud était en permanence dans ce malheureux pays ; le trône semblait être devenu le partage du plus féroce. Cependant les troubles avaient cessé quelque peu sur la fin du règne d'Édouard IV ; mais à peine ce prince eut-il fermé les yeux, que les ambitions se réveillèrent et qu'une nouvelle série de crimes commença.

Élisabeth de Wydeville, veuve d'Édouard, prit la régence du royaume avec la tutelle de ses enfants. Née loin du trône, elle y avait été appelée par son royal époux, en dépit de la noblesse, qui ne lui pardonnait pas cette élévation, qu'elle méritait par ses vertus. Richard, duc de Gloucester, oncle paternel des enfants d'Édouard, résolut de profiter des dissensions qui déchiraient la patrie pour ravir le trône à ses neveux, dont il aurait dû être le premier, le plus dévoué défenseur. Richard était un homme rusé, méchant, ambitieux ; il portait une vilaine âme dans un vilain corps ; rien ne lui coûtait pour arriver à son but, ni perfidie, ni trahison, ni meurtre, ni sacrilége. Au lieu de chercher à apaiser les troubles, il les excita sourdement ; en même temps qu'il obtenait la confiance de la reine-mère par des protestations du plus sincère dévouement, il gagnait à sa cause plusieurs seigneurs, notamment le duc de Buckingham, par les promesses les plus pompeuses.

Le jeune roi était à Ludlow, sur les frontières du pays de Galles. Bientôt Élisabeth demanda que son fils fût ramené à Londres, sous la protection d'une armée; elle ne put obtenir qu'un cortége de deux mille cavaliers. Gloucester, qui commandait l'armée d'Écosse, s'avançait aussi vers la métropole dans le dessein, disait-il, d'assister au couronnement de son neveu; mais en route il attira traîtreusement près de lui le comte Rivers et lord Gray, oncles maternels du jeune roi, les fit arrêter et emprisonner; puis il se rendit auprès d'Édouard, et avec les démonstrations du plus grand respect, lui enleva tous ses gens de confiance. De là il l'emmena à Londres, où ils firent bientôt une entrée triomphale. Gloucester était à cheval en avant d'Édouard, et il le désignait aux acclamations du peuple.

Le jeune prince reçut dans le palais de l'évêque le serment de fidélité et l'hommage des prélats, des lords, des communes; de là on le conduisit à la Tour, et le jour de son couronnement fut fixé. Gloucester se déclara protecteur du royaume.

Cependant la reine-mère, voyant ce qui se passait, fut effrayée, et se réfugia avec Richard, son second fils, dans l'abbaye de Westminster. Cette conduite dérangeait les plans de Gloucester, une seule victime ne lui eût pas suffi; aussi résolut-il d'attirer Richard auprès de son frère. Il redoubla de protestations de dévouement et d'hypocrites démonstrations. Édouard, prisonnier dans ses propres états, entouré de gens à la dévotion de son oncle, dépérissait d'ennui et de chagrin; Gloucester lui conseilla d'écrire à sa mère pour lui demander Richard. Une députation de

lords, l'évêque de Cantorbéry en tête, se rendit auprès
d'Élisabeth pour lui faire la même demande. Une mère est
difficile à tromper; la reine résista long-temps; enfin, vain-
cue par toutes les sollicitations, elle prit Richard dans ses
bras, le couvrit de baisers, de larmes, et lui dit : « Allez,
» Richard, allez auprès du roi votre frère ; consolez-le et
» aimez-le ; dites-lui combien je l'aime ; et quel que soit le
» sort qui vous attend, montrez-vous tous deux dignes de
» votre rang.» Puis, elle le laissa partir. Les deux pauvres
enfants eurent quelques jours de bonheur. Ils s'abandon-
nèrent à toute la joie de se voir réunis. Ils jouaient, ils
riaient ensemble, parlaient de leur mère , de l'avenir
brillant qui leur était promis, et ils étaient heureux.

Cependant, on put dès lors prévoir les projets de Gloucester. Les amis, les fidèles serviteurs du jeune roi con-
spirèrent pour les faire échouer ; mais les âmes honnêtes sont lentes à croire à la perfidie ; ils mirent quelque
hésitation dans leurs actes, et Gloucester les devança ; il
les fit arrêter et mettre à mort. Alors périt la fleur de la
noblesse anglaise, fidèle à son roi : Rivers , Hastings, sir
Richard Gray , sir Thomas Vaughan , et plusieurs autres
encore. Après ces crimes, le protecteur ne garda plus aucune contrainte ; il devint évident qu'il aspirait à la couronne d'Angleterre ; il gagna la noblesse par de grandes
promesses ; il acheta toutes les âmes vénales, flatta toutes
les passions de ceux dont il avait besoin, fit haranguer le
peuple, ou plutôt la populace, qui se décida enfin à lui
offrir la couronne. D'abord il fit mine de la refuser, et l'ac-
cepta bientôt, disait-il, *par amour pour la patrie.*

Le lendemain, il se rendit en grande cérémonie à Saint-
Paul, où il fut reçu par le clergé, et il data de ce jour
(24 juin) le commencement de son règne.

Pendant ce temps, Édouard et Richard, attendant avec impatience le jour promis du couronnement, étaient toujours prisonniers dans cette horrible Tour de Londres, qui vit tant de crimes.

1re VUE DE LA TOUR DE LONDRES. — ( Les tours Blanches. )

En vain leur débitait-on mensonges sur mensonges pour leur cacher leur véritable position; en vain colorait-on par mille prétextes les retards apportés à leur liberté; l'inquiétude, de noirs pressentiments avaient gagné leurs cœurs. Richard, qui était toujours vif et joyeux, prompt aux danses et aux ébats, disait à son frère, le voyant mélancolique et triste : « Venez, Édouard, que je vous montre à danser,

» afin que vous soyez admiré au château de Windsor, où
» bientôt nous serons au milieu des fêtes et des joies. —
» Il vaudrait mieux que vous et moi apprissions à mourir,
» lui répondait Édouard, car je crois bien savoir que guère
» de temps ne serons au monde. » Puis ils se mirent à
pleurer. Mais comme ils avaient appris de leur mère à être
pieux et confiants en Dieu, ils priaient et trouvaient dans
la prière de nouvelles forces, de nouvelles espérances.

Le peuple était loin d'être du parti de Gloucester, mais
il n'avait plus de chefs : ceux qui auraient pu le guider
avaient été assassinés. Cependant quelques sujets fidèles,
et la reine-mère à la tête de tous, faisaient dans l'ombre
des préparatifs pour l'évasion des deux petits prisonniers.
Mais Gloucester n'était pas homme à se laisser surpren-
dre ; il voulut d'un seul coup se débarrasser de toutes ses
craintes ; il envoya ordre au gouverneur de la Tour de
mettre à mort les deux jeunes princes. Ce gouverneur,
nommé Brackenburg, était un homme d'honneur, il ne
voulut pas tremper ses mains dans le sang innocent de
son roi. Il refusa. Mais les tyrans trouvent toujours des
instruments pour exécuter leurs crimes. Il y avait alors
à Londres un nommé James Tyrrel, homme perdu
de dettes et de débauches, qui ne conservait de l'huma-
nité que les passions les plus viles, les plus honteuses.
Gloucester lui confia cette horrible besogne.

Tyrrel choisit trois complices ; ils se mirent quatre
hommes pour étouffer deux pauvres petits enfants. Presque toujours le crime est lâche.

Eux, ils étaient endormis l'un près de l'autre ; ils se tenaient enlacés dans leurs bras innocents et blancs comme
l'albâtre. Un livre de prières était posé sur leur chevet.
Cette vue attendrit les assassins ; mais l'ordre était donné,

il fallut obéir. Les scélérats s'approchèrent des jeunes princes. Richard veillait ; il s'écria aussitôt en voyant briller les poignards : « Réveillez-vous, Édouard, on vient nous » tuer. » Puis, se jetant au-devant des assassins : « Tuez- » moi, mais laissez-le vivre. » Aussitôt Édouard, éveillé, s'écria : « Non ; c'est moi qui suis le roi. » Mais bientôt ils furent étouffés tous deux sous leurs oreillers.

Ainsi périrent ces deux malheureux princes, comme deux roses encore en boutons que le pied lourd et cruel d'un jardinier écrase au printemps. Les assassins les enterrèrent au pied d'un escalier, dans une fosse profonde que l'on creusa sous un monceau de pierres.

Ce meurtre horrible fut avoué par les assassins sous le règne suivant. James Tyrrel reçut le juste châtiment de son crime ; mais ce ne fut que sous le règne de Charles II que furent retrouvés les restes des jeunes princes. Alors on leur rendit les honneurs funèbres et on leur éleva un monument en marbre dans l'abbaye de Westminster.

Sur leur tombe on a gravé l'inscription suivante :

ICI
REPOSENT LES RESTES
D'ÉDOUARD V, ROI D'ANGLETERRE,
DE RICHARD, DUC D'YORK.
CES DEUX FRÈRES,
ENFERMÉS DANS LA TOUR DE LONDRES,
ÉTOUFFÉS SOUS LEURS OREILLERS,
FURENT ENTERRÉS EN CACHETTE ET SANS HONNEURS
PAR ORDRE DE LEUR ONCLE PATERNEL
RICHARD,
PERFIDE USURPATEUR DE LEUR ROYAUME.
LEURS RESTES, LONG-TEMPS ET BEAUCOUP CHERCHÉS, FURENT, APRÈS 191 ANS, RETROUVÉS,
D'APRÈS LES INDICES LES PLUS CERTAINS, DANS LES DÉCOMBRES DES ESCALIERS (CES
ESCALIERS CONDUISAIENT AUPARAVANT AU FAITE DES TOURS BLANCHES), LE 17e JOUR
DE JUILLET, —C. 1674.
CHARLES, ROI TRÈS-CLÉMENT,
LEUR RENDIT LES HONNEURS FUNÈBRES
L'ANNÉE DE J.-C. 1678, ET DE SON RÈGNE LA 30e.

Richard et Buckingham ne jouirent pas long-temps de

leur crime. Buckingham se révolta bientôt contre Richard devenu roi; il fut vaincu, mis en fuite. Trahi par celui chez lequel il s'était réfugié, il fut mis à mort sur l'ordre de Richard. Mais l'usurpateur n'en fut pas pour cela plus tranquille. Bientôt le duc de Richemont, qui prétendait à la couronne, et qui était réfugié en France, vint l'attaquer. Les deux armées se rencontrèrent dans le comté de Leicester (le 23 août 1485). Richard combattit vaillamment; mais trahi et se voyant abandonné par tous, il se précipita en poussant un cri horrible au milieu des ennemis, où il trouva une mort trop belle pour lui, celle du soldat.

Après le combat, son corps, souillé de sang, fut ramassé, dépouillé, jeté en travers sur le dos d'un cheval, et conduit de cette manière ignoble à Leicester, où il fut enterré sans aucune pompe.

Ainsi finit ce prince sanguinaire, trahi par les siens comme il avait trahi les autres, maudit de ses contemporains et de la postérité.

IIe VUE DE LA TOUR DE LONDRES. — (Porte des Traîtres)

# FRANCESCO MICHELI.

Vers l'an 1664, il y avait à Tempi, petite ville au nord de la Sardaigne, une famille qui vivait heureuse au dedans, considérée au dehors; c'était celle d'un riche charpentier nommé Micheli. Micheli avait une épouse qui à une vertu sévère joignait tout le charme des plus heureuses qualités; belle et bonne, elle concentrait toutes ses affections sur son mari, son fils Francesco Micheli et deux petites filles qui annonçaient déjà, par la douceur de leur caractère et la vivacité de leur esprit, qu'elles ressembleraient à leur mère. Francesco, déjà industrieux, économe, aimant le travail, promettait aussi un digne successeur à son père, le meilleur artisan du pays. Rien ne semblait devoir troubler cette touchante félicité, quand une catastrophe

2

épouvantable vint réduire toute cette famille à la misère.
La plus jeune des deux sœurs s'avisa un jour d'attacher à
la queue d'un chat un paquet d'allumettes enflammées ;
l'animal effarouché prit la fuite, et se précipita dans les
ateliers du charpentier, enflammant sur son passage les
copeaux épars ; en une minute le feu avait tout envahi.
Micheli s'élance au milieu des flammes pour sauver ses
deux filles, tandis que son épouse arrache à une mort
certaine le petit Francesco. Les enfans furent sauvés, mais
la pauvre mère eut la figure, les mains, les pieds brûlés.
Elle resta mutilée et percluse pour le reste de ses jours ; le
malheureux Micheli trouva la mort au milieu des flammes,
en voulant arrêter les progrès de l'incendie. Hélas ! Dieu
permet souvent que des malheurs imprévus tombent sur
les familles, même les plus vertueuses, pour donner une
preuve que rien n'est stable en ce monde, et que ceux là
sont bien imprudens qui placent leur félicité dans des
choses périssables !

Toute cette famille éplorée fut donc réduite à aller chercher un asile dans une chaumière de la campagne voisine ;
quelque temps ils vécurent des débris de leur ancienne
prospérité, quelque temps encore des secours que n'osèrent
pas leur refuser leurs anciens amis et leurs parents ; mais
c'est une bien triste nécessité que d'en être réduit à vivre des
libéralités d'autrui. Sans doute il y a des âmes généreuses
qui s'attachent au malheur, mais ce n'est que l'exception.
Le jeune Francesco entourait sa mère infirme de soins,
d'attentions de tout genre ; mais il ne pouvait empêcher
que souvent elle ne manquât du strict nécessaire. Il se
révoltait à l'idée de ne devoir qu'à la pitié son existence
et celle de sa chère famille, et il se sentait humilié de
recevoir ce qu'il ne gagnait pas. Il résolut donc de faire

tous ses efforts pour se tirer d'une si mauvaise situation, et
pour se créer une indépendance dont il pressentait, quoique bien jeune encore, tout le prix. C'est à peine si Francesco avait douze ans. Or il avisa qu'il y avait beaucoup
d'oiseaux de différentes espèces aux alentours du village
qu'ils habitaient. Il fabriqua avec des osiers une grande
volière ; puis au retour du printemps il commença la
chasse aux oiseaux ; il grimpait aux arbres pour les déni-
cher, il leur tendait des piéges. Bientôt sa volière se trouva
pleine ; c'étaient des pinçons, des fauvettes, des roitelets,
des linots, des merles, des mésanges, des rameraux, des
geais, des tourterelles, tout le peuple ailé des airs. Il cherchait les graines que ces oiseaux préfèrent et leur en
donnait ; il leur préparait des nids, et il planta au milieu de
sa volière des petits arbres où ils pussent se reposer ; il
étudia leurs mœurs, leurs habitudes pour satisfaire tous
leurs besoins. Bientôt cet industrieux enfant eut une belle
et nombreuse collection de toutes espèces d'oiseaux ; alors
lui et ses sœurs, auxquelles il avait appris son nouveau métier, et qui le secondaient de toutes leurs forces, se mirent
à fabriquer de petites cages en osier, qu'ils portaient pleines
d'oiseaux tous les dimanches au marché de Suffari, ville voisine de leur habitation. Ils gagnaient peu, mais ce peu ils ne
le devaient qu'à leur travail, et, en s'imposant de grandes
privations, les pauvres enfans trouvaient encore avec ce
peu le moyen d'offrir à leur mère de petites douceurs qui
comblaient la bonne femme de joie et de bonheur. Francesco avait trop d'industrie et de courage pour se contenter
de ce strict et rigoureux nécessaire ; il était possédé par une
louable ambition de ne devoir qu'à lui seul le bonheur de
sa mère et de ses sœurs. Il vivait au milieu de ses oiseaux :
les observant sans cesse, il remarqua bientôt que l'habi-

tude est chez eux comme chez nous une seconde nature, que l'instinct chez les animaux est assez puissant pour obtenir de leur éducation des résultats extraordinaires ; il résolut en conséquence de faire une petite ménagerie d'animaux savans ; aux uns il apprenait à siffler des airs charmans, à se taire ou à chanter à la parole, aux autres à se livrer à certains jeux sur des bâtons disposés dans les cages. Enfin il imagina une chose à cette époque entièrement inouïe : il prit une chatte angora fort jeune, il l'éleva au milieu des oiseaux, il l'instruisit à se laisser donner par eux des coups de bec et à leur servir de piédestal ; il imagina aussi de faire battre ses oiseaux contre la chatte ; alors les pinçons, les fauvettes, les mésanges fondaient sur Bianquette (c'était le nom de cette chatte) en escadrons pressés, chantant, criant, sifflant et becquetant à l'envi. D'abord la chatte faisait bonne contenance ; mais bientôt elle prenait la fuite, puis revenait simulant la colère ; les oiseaux s'enfuyaient alors en poussant des cris de désespoir. Enfin, au signal accoutumé, tout ce bruit cessait, la chatte s'asseyait au beau milieu de la volière, s'y secouait, s'y léchait, s'y grattait avec une dignité parfaite, et les petits combattants ailés, perchés çà et là, modulaient leurs plus douces chansons.

Ce spectacle si nouveau d'ennemis acharnés, vivant ensemble si paisiblement et si joyeusement, attira une grande foule et partant beaucoup d'argent au petit Francesco. Outre le bénéfice qu'il retirait des spectateurs qui venaient voir son intéressante ménagerie, il vendait encore fort cher des oiseaux auxquels il avait appris mille choses surprenantes. Enfin cet industrieux enfant était parvenu à son but de pouvoir, par ses propres moyens, non seulement vivre honorablement, mais de plus procurer à sa mère tous les secours dont elle avait si grand besoin. Cependant il ne s'en tint pas à ce premier succès : son biographe nous raconte qu'il enseigna à des perdreaux différentes évolutions militaires. Il en prit dix, tous du même nid ; après les avoir bien apprivoisés, il attela les uns à de légers canons et les habitua à les traîner assez régulièrement; il en affubla d'autres de petits costumes, et les arma de sabres. Ces artilleurs de nouvelle espèce manœuvraient d'une façon tout-à-fait comique autour du petit canon, au commandement de Francesco. La ligne droite et la ligne gauche allumaient à un brasier qu'on leur présentait de petites mèches, et, mettant le feu au canon, elles entendaient sans broncher le bruit de la détonation : elles restaient impassibles et fixes comme de vieux canonniers. Plus tard il perfectionna son invention à ce point que la bande de ses perdreaux se séparait en deux : partie faisait le service du petit canon, partie, armée de petits sabres, se précipitait sur les artilleurs; les artilleurs prenaient la fuite; mais bientôt après ils chassaient à leur tour les assaillants, reprenaient leur canon et tiraient sur les fuyards, dont quelques-uns tombaient raides, quelques autres s'enfuyaient au plus vite clopin clopant, criant et gémissant comme s'ils étaient bien grièvement blessés; mais tout-à-coup Francesco faisait un roulement de tambour : alors vaincus et vainqueurs se relevaient, accouraient ensemble et jouaient à qui mieux mieux.

Parmi ces étonnantes perdrix il s'en trouvait une plus surprenante encore que toutes les autres ; et si le fait ne nous était attesté par un homme grave et sérieux, l'abbé Reperonci, nous hésiterions à le donner comme certain. Cette perdrix miraculeuse avait nom Rosoletta ; elle suivait son maître ni plus ni moins qu'un chien ; quand Francesco sortait, elle venait à l'instant se poser sur son épaule, et l'accompagnait en volant, si c'était à la ville, de maison en maison ; si c'était à la campagne, d'arbre en arbre. Quand il arrivait qu'elle perdait de vue son jeune maître, un coup de sifflet de celui-ci la ramenait soudain. Mais ce n'est pas tout encore : Francesco était parvenu à se faire un aide de Rosoletta pour l'éducation des autres oiseaux ; elle remplissait auprès de lui le rôle du chien auprès du berger ; quelque oiseau indocile venait-il à s'égarer, Rosoletta d'un coup d'aile le ramenait au bercail ; quelque étourdi dérangeait-il ses camarades, soudain il recevait de Rosoletta l'avertissement préalable, qui était suivi de la correction en cas de récidive.

On raconte que Micheli avait élevé un fort joli chardonneret avec une attention toute particulière ; son éducation était terminée ; Micheli allait le vendre un bon prix, quand l'élève, qui préférait la liberté des champs à la plus magnifique prison, profitant d'un moment d'inattention de son maître, prit soudain la fuite. Micheli était profondément désolé de cette perte ; en vain il cherchait de tous côtés, en vain il l'appelait matin et soir ; cinq jours s'étaient écoulés, et il avait tout-à-fait perdu l'espérance de retrouver jamais son fugitif, quand le sixième jour, au matin, il vit Rosoletta chassant d'arbre en arbre un oiseau qui criait et cherchait en vain à s'échapper. Quel ne fut pas son étonnement quand il reconnut dans le fuyard son gentil chardonneret, qui, voyant que toute espérance de liberté lui était désormais ravie, vint tout honteux se poser près de la porte de la volière, redemandant sa place bien malgré lui ! Rosoletta triomphait : chantant victoire, battant des ailes, elle s'en vint becqueter Francesco en signe de joie.

Francesco Micheli était parvenu au comble de ses vœux; il vivait heureux, aimé; il procurait à sa mère, à ses sœurs, une existence honorable et aisée, quand le malheur vint frapper encore cette estimable famille, éprouvée déjà par de si grandes infortunes. Francesco cueillit un jour des oronges, espèce de champignons excellens qu'on trouve en quantité dans le Midi; il ne sut pas distinguer les bons d'avec les mauvais, et comme parmi ces champignons il y en a de vénéneux, lui et sa sœur cadette furent empoisonnés.

Pendant trois jours que dura l'agonie de l'infortuné Micheli, sa mère et sa sœur aînée n'étaient pas les seuls êtres qui se désolaient à son chevet : la plupart des oiseaux élevés par ses soins, et qui l'aimaient beaucoup, voltigeaient autour de son lit; les uns se tenaient tristement blottis, les autres s'agitaient en vains efforts, quelques-uns poussaient des cris lugubres; presque tous ne prirent aucune nourriture tant que dura sa maladie. Francesco vit bientôt que son état était tout-à-fait désespéré; il ne pouvait se consoler de laisser sa mère, sa sœur et ses chers oiseaux sans soutien. Il répétait sans cesse : « Que va donc devenir ma bonne mère, ma pauvre sœur? que vont devenir mes chers petits oiseaux? » Malgré ses horribles souffrances, Francesco ne cessa de s'occuper des êtres qui lui étaient chers; il s'enquérait à chaque instant de sa sœur, qui souffrait les mêmes tortures que lui. Enfin cet excellent fils, cet enfant plein de courage et d'industrie, mourut à peine âgé de quatorze ans. Sa perdrix Rosoletta donna surtout les marques du plus vif désespoir. On assure qu'au moment où l'on mit son maître dans le cercueil, elle voltigea tout autour, poussant des cris plaintifs, et finit par s'y poser. Vainement on l'en écarta à diverses reprises,

elle revenait toujours ; semblable à ce chien du vieux soldat, devenu historique, elle suivit le convoi funèbre, accompagna Francesco à sa dernière demeure, et ne le quitta
plus jamais que pour aller chercher quelque nourriture.
Tant qu'elle vécut, elle vint chaque jour se percher et
dormir sur la gouttière d'une chapelle donnant sur le cimetière, appelé encore aujourd'hui *le Cimetière du petit
Oiseleur*.

Gémole Inv.t · · · · PIC DE LA MIRANDOLE · · · · Challamel lith.

# PIC DE LA MIRANDOLE.

On peut diviser en deux catégories les enfants célèbres par leurs études et par leurs travaux : ceux qui ont eu le bonheur de naître de parents riches, instruits, et qui ont reçu d'eux une éducation soignée, intelligente et progressive ; et ceux qui, nés dans la classe pauvre, n'ont dû leur instruction qu'à eux-mêmes, à une volonté forte et constante, à un travail pénible et rigoureux. Je compare les premiers à ces plantes qu'un habile jardinier

3

cultive dans des serres chaudes, avant la saison : il en-
graisse leurs racines de sucs bienfaisants et générateurs;
il concentre sur leurs têtes les rayons vivifiants du soleil,
il les défend des insectes nuisibles et de toutes les intempé-
ries. Les seconds ne sont-ils pas, au contraire, comme ces
plantes qui naissent dans quelque coin ignoré du jardin, qui
poussent d'elles-mêmes de vigoureuses tiges dont la tête dé-
passe bientôt les herbes qui les entourent, et qui doivent
seulement à leur excellente nature, à quelque heureux accident, une croissance précoce qui les fait distinguer et
cultiver ensuite avec soin par le jardinier intelligent?

Jean Pic de la Mirandole doit trouver une place honorable parmi les premiers. Tout concourut à le rendre l'enfant le plus extraordinaire de son siècle.

Au dire de ses historiens, un prodige signala sa naissance. Au moment où il entrait dans ce monde, on vit des
tourbillons de flamme s'arrêter au-dessus de la chambre à
coucher de sa mère, puis s'évanouir bientôt. Pic, son neveu, qui nous a laissé de lui une biographie assez étendue,
ajoute :

« Ce phénomène eut lieu sans doute pour prouver que
» son intelligence brillerait comme ces flammes, et que
» lui serait semblable à ce feu; qu'il paraîtrait pour dispa-
» raître bientôt, et étonnerait le monde par l'excellence et
» l'éclat de son génie ; que son éloquence serait des traits
» de flamme qui célébreraient le Dieu des chrétiens, qui
» lui-même est le véritable feu inspirateur. On a remarqué
» en effet qu'à la naissance ou à la mort des hommes doc-
» tes et saints, des signes extraordinaires se sont produits,
» pour indiquer que c'étaient des créatures à part, qu'il
» y avait en eux quelque chose de divin, et qu'ils étaient
» destinés à de grandes choses. Pour n'en pas citer d'au-

» tres, je ne parlerai que du grand saint Ambroise. Un
» essaim d'abeilles se posa sur sa bouche, s'y introduisit,
» et, en sortant aussitôt, s'envola au plus haut des airs,
» se cacha dans les nues, et disparut aux yeux de ses
» parents et de tous ceux qui étaient présents à ce spec-
» tacle. »

Je n'ai rapporté ces paroles de Pic sur la naissance de
son oncle, que pour donner une idée exacte de l'opinion
des contemporains sur cet homme célèbre, sans attacher
d'autre importance au phénomène qui les a motivées.
Quoi qu'il en soit, il est certain que sa mère en fut vivement
frappée et fortement convaincue que son fils était promis
à de grandes destinées ; aussi veilla-t-elle d'une manière
toute spéciale sur son éducation.

Jean Pic, comte de la Mirandole et de Concordia, naquit
le 24 février 1463.

A peine le jeune enfant put-il parler, qu'on lui apprit à
lire, et à peine sut-il lire dans sa langue maternelle, qu'on
lui enseigna les éléments des langues mortes et étrangères.

Il profita au-delà de toute espérance des leçons qui lui
furent données, car il avait une mémoire prodigieuse. Dès
sa plus tendre jeunesse, il lui suffisait d'entendre une
seule fois réciter des vers pour pouvoir les répéter aussitôt, soit dans l'ordre naturel, soit en commençant par la
fin. Pour être parvenu à cet étonnant résultat, sans doute
il fallait que Pic eût reçu de la nature une bien heureuse
organisation. Cependant, il est hors de doute que l'exercice précoce auquel on l'accoutuma a puissamment se-
condé cette prodigieuse facilité. La mémoire, qui est une
des plus précieuses facultés de l'homme, est aussi celle qui
s'agrandit le plus par l'usage. Les enfants même les plus

ordinaires peuvent, par une bonne direction, acquérir une sorte de puissance mnémonique, dont ils sentiront le bienfait toute leur vie.

L'étude était toute la vie de Pic, sa seule passion, sa seule occupation, son seul plaisir ; aussi était-il à l'âge de quatorze ans considéré comme l'un des premiers poètes et des premiers orateurs de son siècle. A cet âge, il avait déjà composé cinq livres de poésie latine en vers élégiaques, et un autre grand nombre de poésies italiennes. Pic était cadet de sa maison, et, selon la coutume du temps, ses parents le destinaient à l'Église. Élevé dans les sentiments les plus pieux, il entra avec plaisir dans cette carrière ; il alla à quatorze ans étudier à Bologne le droit canon. Là il montra cet amour de l'étude et cette intelligence si vaste qui le distinguaient. En fort peu de temps il fut l'élève le plus savant de cette célèbre académie. Il composa un abrégé des *Décrétales,* avec un si grand discernement, que les professeurs les plus habiles jugèrent que c'était un ouvrage digne de servir à l'éducation de la jeunesse. A peine eut-il appris toute cette science du droit canon, qu'il la jugea si vaine et si creuse, qu'il l'abandonna pour se livrer à l'étude des sciences naturelles. Il se rendit en conséquence à Rome, où brillaient alors des docteurs de grande renommée ; mais il eut bientôt dépassé toutes les bornes connues de ces sciences, dans lesquelles il fit aussi d'étonnantes découvertes. Voulant enfin mettre le comble à sa réputation, il annonça qu'il soutiendrait une thèse sur toutes les sciences. Cette proposition phénoménale excita une curiosité générale ; les savants les plus distingués d'Italie s'empressèrent d'assister à cet étrange tournoi intellectuel, où un seul combattait contre tous. Pic répondit victorieusement à neuf cents questions qui lui furent posées dans sa fameuse thèse *De omni.re*. Mais son savoir parut si prodigieux et excita tant de jalousie autour de lui, qu'on l'accusa de sorcellerie et de magie; à cette époque c'était une accusation terrible et qui pouvait conduire tout droit au gibet ou au bûcher. Pic montra en cette circonstance qu'à un beau génie il savait allier un beau courage : il tint tête à l'orage, répondit à toutes les accusations, et finit par triompher. Cependant toutes ces persécutions, ces haines mesquines, l'avaient dégoûté du séjour de Rome. Il se mit à voyager dans les principales contrées de l'Europe. Il fut reçu à la cour de France par le roi Charles VIII avec toute sorte d'honneurs et de distinctions ; il devint même l'ami de ce prince, qui désirait l'attacher à sa personne; mais après sept ans d'absence, il voulut revoir sa patrie.

Pic de la Mirandole avait toujours été non moins remarquable par les qualités du cœur que par celles de l'esprit, et s'était constamment distingué par une modestie réelle, une extrême douceur et une tendre piété. Cependant il avait la parole rapide et la repartie vive; il avait besoin de s'observer beaucoup pour ne pas se laisser aller dans la discussion à quelque vive épigramme. On raconte que discutant un jour avec un de ces docteurs pédants et pesants dont toute la science se compose de quelques ouï-dire qu'ils n'ont jamais approfondis, comme celui-ci, qui ne le connaissait pas, soutenait, sans donner aucune bonne raison de son opinion, que tous les enfants précoces deviennent des hommes fort ordinaires, Pic, poussé à bout, finit par convenir du fait avec le bonhomme, puis il ajouta : « Je suis convaincu, docteur, que vous avez été un bien prodigieux enfant. » Mais bientôt il se repentit de cette vivacité et s'en excusa.

Pic avait dix-huit ans : il parlait, dit-on, douze ou treize langues ; il était théologien et philosophe consommé ; il avait reculé les limites de la physique ; il avait remporté tous les prix de poésie et d'éloquence ; il était sorti vainqueur de toutes ces luttes de science, fort en usage à cette époque. Parvenu pour ainsi dire au sommet des connaissances humaines, il voulut donner au monde savant un grand exemple de piété. On le pressait de répandre ses poésies, et il allait les livrer au public, quand il vit que ces fruits de sa jeunesse ne seraient peut-être pas sans danger pour ceux qui s'en nourriraient, car il avait donné un caractère de galanterie à ses premiers ouvrages qu'il condamnait fortement : en conséquence, il en fit le sacrifice et les jeta tous au feu. Comme plusieurs de ses amis le voulaient détourner de cette action, lui disant que la poésie s'accommodait de la galanterie, il leur répondit : « Si la poésie ne peut fleurir qu'aux dépens de la chasteté, périsse à jamais la poésie plutôt qu'un instant la chasteté ! » Depuis ce moment il s'adonna tout entier à l'étude des livres sacrés ; il fit bientôt paraître un traité qui porta le nom d'*Heptaple* ; c'étaient des dissertations sur les sept premiers jours du monde. Cet ouvrage est considéré comme son chef-d'œuvre ; il n'avait guère que dix-huit ans lorsqu'il le fit paraître. Ce qu'il fit depuis, dit un de ses historiens, n'a été qu'une suite de semblables merveilles, dont la plus grande était celle d'avoir trouvé le moyen de faire usage de toutes les sciences des Gentils, des Arabes et des Juifs, qu'il avait apprises par le secours de douze ou treize langues qu'il savait, et de les faire servir à la théologie, qu'il prétendait perfectionner. Il avait à cet égard formé de vastes projets : il méditait un ouvrage fort important, destiné à combattre et convaincre d'imposture les ennemis de la religion, quand Dieu le rappela à lui.

Pic de la Mirandole était venu passer quelque temps à Florence ; il y fut saisi d'un accès de fièvre qui résista à tous les remèdes ; il mourut au milieu des sentiments de la plus fervente piété. Il disait voir les cieux entr'ouverts et les anges qui l'appelaient chantant d'indicibles cantiques. Il déclara un jour que pendant la nuit précédente la reine du ciel était venue le visiter, en répandant autour de lui les plus merveilleux parfums ; qu'elle avait réchauffé ses membres brisés sous l'effort de la fièvre et glacés ; qu'elle lui avait promis qu'il ne mourrait pas tout entier, et que tandis qu'il était en proie à la maladie, elle se tenait à son chevet, le visage souriant.

Sur ces entrefaites, Charles VIII, roi de France, ce glorieux ami de Pic, allant à la conquête de ce beau royaume de Naples qu'il prétendait lui appartenir, fit un matin son entrée à Florence. A peine arrivé, il envoya près de l'illustre malade ses médecins avec le titre d'ambassadeurs, pour le visiter et lui donner leurs soins ; il les chargea en même temps d'une lettre écrite de sa propre main, dans laquelle il lui témoignait le plus vif intérêt. Pic répondit à ces ambassadeurs : « Messei- » gneurs, votre art ne peut plus m'être d'aucun secours. » Je vais quitter la vie, et je m'en réjouis. Dites au roi » votre maître que c'est une grande joie pour moi que le » souvenir dont il m'honore. Le roi de France est jeune » encore, mais il apprendra, par mon exemple, que la » mort ne connaît pas d'âge. Il cherche des triomphes et » de la gloire : j'ai eu, dans ma vie, bien des couronnes ; » c'est au moment où je suis que je vois la vanité de cette » gloire. Un seul royaume mérite d'être conquis, c'est le

» royaume céleste ; une seule couronne est digne des tra-
» vaux de l'homme, la couronne du juste. Allez, messei-
» gneurs, et donnez au roi de France ce dernier conseil
» d'un homme qui l'aime, et qui va mourir. »

Puis il les congédia, ne voulant plus penser qu'à son salut. Il expira le jour même. Il avait à peine trente-deux ans. On lui fit des funérailles magnifiques. Charles VIII voulut que toute sa cour y assistât. On remarquait parmi ces grands personnages le chevalier Bayard, qui honorait, sans doute, en lui, bien plus l'homme vertueux que le savant.

La plus grande gloire de Pic n'est pas, assurément, d'avoir réuni en lui seul toutes les connaissances de son temps, d'avoir été aussi savant qu'il était possible de l'être à cette époque, et cela encore fort jeune, puisque, orné de tous les dons de la nature, riche, docte, beau, il sut conserver, au milieu de tous ses triomphes, une vertu sans tache ; puisqu'il rendit son âme à Dieu aussi pure, aussi belle, aussi innocente qu'il l'avait reçue de lui.

On ne peut s'empêcher de pleurer une mort si préma-
turée ; mais on ne peut non plus s'empêcher de dire qu'il avait assez vécu, puisqu'il était mûr pour l'éternité.

Voici le portrait qu'on nous a laissé de lui :

Pic était d'une beauté remarquable , d'une douce carnation. Sa taille était haute et élancée ; son visage était gracieux, d'une blancheur éblouissante, empreinte d'un pudique vermillon. Dans ses yeux respirait la vivacité. Ses cheveux blonds étaient naturellement bouclés. Ses dents étaient parfaitement rangées et blanches comme l'ivoire.

On lui fit l'épitaphe suivante :

HIC SITUS EST PICUS , CUJUS SI CUNCTA PERISSENT
VIRTUTUM , SEPTEM VIX SAT ERANT TUMULI *.

## LES DEUX PETITS LAZZARONI.

Il y avait à Naples, vers le milieu du dix-septième siècle, et il y a encore aujourd'hui, quarante mille hommes qui n'ont d'autre propriété que le vieux manteau et le large pantalon de toile grise qui les couvrent, pour qui le *far-niente*, le repos, est le suprême bonheur, et qui le savourent une grande partie de la journée, couchés çà et là sur les quais, sur les places publiques, au doux soleil d'Italie.

* Ici repose Pic; si toutes ses vertus étaient mortes avec lui, sept tombeaux suffiraient à peine.

Leur principale vertu, on pourrait dire leur seule vertu, si ce n'était une habitude de paresse, est une sobriété intrépide : un peu de macaroni, qu'ils se procurent pour une somme modique, suffit à leur nourriture ; et aussitôt qu'ils ont gagné les quelques sous nécessaires à leur subsistance, aucune considération ne saurait les faire travailler. Ils ne s'éveillent que s'ils entendent le bruit de quelque rixe, s'il y a quelques troubles à exciter ou à entretenir. Ces vagabonds s'appellent *lazzaroni*. Il surgit quelquefois, mais rarement, parmi ce peuple indolent et vicieux, un homme à qui le spectacle de cette espèce de sauvagerie inspire du dégoût, et qui, par un travail honorable, vient conquérir une position dans l'état et se rend utile à la patrie.

Un de ces lazzaroni avait un talent naturel, vraiment remarquable, sur le *zufolino,* espèce de flageolet, avec lequel il s'était appris à imiter les chants de plusieurs espèces d'oiseaux, à moduler les airs les plus suaves. Sous le ciel harmonieux de l'Italie, on naît musicien comme on naît poète en Allemagne : vers le soir, il s'en allait le long du beau quai de Chiasa, tout planté de citronniers et d'orangers, et il donnait un petit concert aux promeneurs, jusqu'à ce qu'ils aient laissé tomber à ses pieds quelques pièces de monnaie pour le macaroni du lendemain ; puis il s'en allait aussitôt dormir sous quelque porche d'église, sous quelque voûte de pont. S'éveillant le lendemain, il jouait, pour son divertissement personnel, ses airs les plus doux, jusqu'au moment où il lui plairait d'aller les faire entendre, comme la veille, aux promeneurs du quai Chiasa. Ainsi faisait-il au jour le jour, quand sa compagne lui donna deux petits enfants si jolis, si mignons, qu'ils faisaient l'admiration de tous, mais si fluets, si faibles, qu'on croyait qu'ils ne pourraient pas long-temps supporter la vie. Cependant ils vécurent; mais bientôt mourut leur pauvre mère; ils restèrent, ayant à peine un an, à la charge de leur père. Ce malheur mit le lazzarone dans le plus grand embarras. Il ne pouvait se résoudre à demeurer dans quelque misérable cabane pour soigner ses pauvres enfants; il ne pouvait non plus se décider à s'en séparer, tant il les aimait. Il imagina donc de faire pratiquer à son manteau deux grandes poches : il plaça dans chacune l'un de ses petits enfants, et trouva ainsi le moyen de s'en aller partout où il voudrait, sans abandonner sa jeune famille. Les premières impressions que nous recevons sont celles qui se gravent le plus profondément en nous et qui ont souvent le plus d'influence sur notre avenir; l'existence du lazzarone était toute remplie par ses enfants et sa musique. Les pauvres petits s'endormaient, jouaient, se roulaient, et vivaient au bruit du *zufolino* de leur père. Voyant comment celui-ci s'y prenait pour en tirer des sons, ils s'essayaient avec leurs faibles doigts à l'imiter. Ce que voyant, le père se procura de tout petits *zufolini*, et s'amusait à placer sur les trous les doigts mignons des petites créatures; il leur apprit à emboucher l'instrument, à y souffler enfin, avec une patience qu'on ne peut supposer que dans un père et un lazzarone.

Il parvint au bout d'un an à enseigner à ces deux pauvres enfants une quantité de petits airs charmants et variés. Les jumeaux avaient à peine trois ans, qu'ils étaient en état d'exécuter avec leur père les concerts les plus curieux; ce qu'ils firent pendant quelque temps dans leur Naples chérie. Lorsqu'ils se montraient en public, l'étrangeté de ce spectacle attirait une foule considérable, et procurait aux exécutants une abondante recette. Le vieux

lazzarone gagnait à ce métier vingt fois ce qui lui était nécessaire pour se pouvoir gaudir au soleil, manger son macaroni quotidien, et jouer de son instrument une grande
partie du jour, comme faisait de nos jours le grand Paga-
nini, pour sa satisfaction personnelle. Mais l'amour paternel l'avait rendu ambitieux ; il sentait qu'il avait quelque
chose de mieux à donner à ses enfants que ce qu'il avait
reçu de son père ; il les aimait tant, qu'il les voulut voir
riches, heureux, considérés. Il prit donc la résolution pénible pour lui, car les Napolitains aiment Naples avant tout,
de quitter sa patrie et de voyager avec sa petite famille.

Il parcourut ainsi les principales villes, bourgs et villages
d'Italie ; puis il vint en France, de là en Angleterre, enfin

en Écosse. Lorsqu'il arrivait sur quelque place publique, le père, tenant toujours ses deux petits enfants blottis dans ses deux grandes poches, commençait seul à imiter le chant des oiseaux, ou à jouer quelque air bruyant pour attirer la foule; mais quand l'assemblée était assez nombreuse, il jouait alors une musique plus savante, et bientôt les deux enfants sortaient comme par enchantement de leur cachette, sautaient avec une grâce et une gentillesse parfaites sur les épaules de leur père, et se mettaient à l'accompagner avec un art et une justesse qui charmaient tout le monde. Ils amassaient ainsi beaucoup de réputation et beaucoup d'argent; et comme le vieux lazzarone avait appris l'économie à une trop rude école pour l'oublier, l'argent amassé se conservait. Bientôt le petit orchestre ne s'établit plus sur les places publiques en plein vent, il ne se produisait que dans les palais, les concerts, les spectacles. Bientôt il n'eut plus à faire à pied des routes pénibles. Ils voyageaient dans des voitures commodes. Les musiciens ambulants étaient devenus des artistes, et, traités comme tels, ils étaient partout accueillis avec distinction et empressement. Mais c'est en Angleterre surtout qu'ils furent magnifiquement récompensés de leurs travaux et de leurs talents; ils y arrivèrent à une époque où le plaisir était la pensée dominante; le roi Charles II était remonté sur le trône de ses pères, et sa cour se montrait au moins aussi amie des plaisirs que celle de Cromwell l'avait été de la simplicité. Les Anglais aiment à la folie tout ce qui est extraordinaire; les choses les plus bizarres, les plus étranges, sont celles qui leur plaisent le plus. A leur début dans ce pays, nos jeunes musiciens furent les héros d'une fête qui les mit tout-à-fait à la mode. Un lord qui devait prochainement donner une fête magnifique à propos du mariage d'une de ses filles, les vit jouer un jour au théâtre, et eut l'idée de donner à sa fête quelque originalité en y invitant les trois Italiens. En effet, il ordonna un magnifique repas; le dessert était surtout d'une rare beauté; il figurait un jardin : des fruits de toute espèce appendaient aux arbres ; des ruisseaux des liqueurs les plus fines coulaient de tous côtés; çà et là étaient des mares de confitures et des monceaux de dragées ; mais ce qui attirait surtout l'attention était un charmant bosquet. Bientôt on entendit sortir de ce bosquet les chants les plus doux, celui du rossignol, de la fauvette, du serin, de la mésange ; en même temps tous ces oiseaux s'échappaient du bosquet, voltigeaient autour de la salle du festin, et cependant les chants continuaient. Il était impossible aux spectateurs d'imaginer d'où provenaient ces chants, voyant les oiseaux se taire et écouter aussi en admiration. Mais voilà que les arbustes des bosquets s'ouvrent et se séparent, et qu'on voit deux petits lazzaroni qui tirent de leurs flageolets les sons mystérieux. Les convives étaient remplis d'admiration, et le bruit de cette aventure se répandit dans toute la ville ; tout le monde voulut avoir chez soi des enfants si extraordinaires, car ils n'avaient que sept ans à cette époque. Ils furent mandés à la cour. Les Anglais payent généreusement leurs plaisirs ; aussi nos artistes firent-ils en peu de temps une honnête fortune.

Quand le vieux lazzarone se vit riche pour toujours, il voulut revoir Naples, son ciel magnifique, son beau soleil, sa mer bleue. Les pauvres enfants regrettaient bien aussi leur belle patrie sous le climat sévère de la Grande-Bretagne. Ils auraient pu, en y restant encore quelque temps, devenir beaucoup plus riches ; mais ils n'auraient pas été plus heureux. Le naturel napolitain avait repris le dessus, ils avaient assez joué pour les autres! Le repos, *le farniente*, l'indépendance, le bonheur, ne l'ont-ils pas bien mérité? Ils s'en allèrent donc de Londres et revinrent à Naples : là ils eurent, non loin de ce quai où ils étaient nés si pauvres, une *villa* charmante; et tandis que leurs anciens compagnons, couverts de haillons, à jeun, s'en allaient le soir dormir à la belle étoile, eux ils avaient de bons lits, une bonne nourriture, une belle calèche pour courir les riches campagnes; et tout cela ils ne le devaient qu'à eux-mêmes.

J'ai oublié de dire que ces deux enfants restaient toujours tout petits, tout mignons; quand ils avaient déjà sept ans, on leur en aurait donné à peine quatre. Ils étaient doux, avenants, bons; ils ne sortaient jamais sans emporter plusieurs pièces de monnaie, et ils aimaient à les donner surtout aux jeunes mendiants de leur âge, surtout aux pauvres petits musiciens qui crient d'une voix faible et déjà cassée des chansonnettes le long des routes : ils aimaient à leur dire qu'ils fissent comme eux, et que l'économie et le travail seuls les avaient rendus ce qu'ils étaient.

Ils allèrent un jour se promener tous deux, et ne rentrèrent plus : en vain les chercha-t-on partout pendant toute la nuit; enfin un religieux de l'ordre de Saint-François vint annoncer au père désolé qu'il n'avait plus de fils.

Un orage avait éclaté soudain. Les deux petits, se prenant bras dessus bras dessous, s'étaient mis à courir pour lui échapper. En vain le révérend père leur avait crié de ne pas courir ainsi, de marcher lentement, au contraire; ils ne savaient pas que plus on agite l'air au milieu de la tempête, plus on attire la foudre vers soi. « Tout-à-coup, ajouta le révérend, comme nous suivions tous trois la route du *Pausilippe*, bordée de grands peupliers, je vis ces pauvres enfants tomber dans les bras l'un de l'autre. J'entendis un bruit effroyable, et quand je fus près d'eux ils n'existaient plus. »

Ils n'avaient pas plus de sept ans. A peine purent-ils jouir du fruit de leurs travaux. Ils n'étaient revenus de leurs voyages que depuis six mois au plus. On leur fit des obsèques magnifiques ; une foule immense les accompagna à leur dernière demeure. Ils reposent dans l'église Sainte-Cécile, sous un mausolée de porphyre. Leur souvenir est encore vivant en Italie, où vous entendez chanter une romance plaintive qui a pour refrain :

Pleurez, enfants mignons,
Les gentils lazzarons !
Pleurez, pleurez sans cesse
Les petits lazzarons.
Modèles de sagesse !

CELESTIN NANTEUIL                                    LES ENFANS D'ARMAGNAC.

# HENRI ET FRANÇOIS DE NEMOURS,

FILS DE JACQUES D'ARMAGNAC.

Le dix-neuvième jour de décembre 1475 une foule immense stationnait sur la place de Grève. Un échafaud était dressé au milieu de cette place, depuis longtemps consacrée aux exécutions capitales. Le peuple, toujours avide de ces sortes de spectacles, était ce jour-là plus empressé que jamais ; la tragédie, se disait-on, devait avoir des complications inouïes ; et puis le coupable n'était pas un truand ou malheureux bourgeois de la bonne ville de Paris, mais un grand seigneur, allié des maisons de France et d'Angleterre, de Bourgogne et de Savoie, un des premiers of-

Les armes dans la tête de page sont celles de la maison d'Armagnac. La vignette représente le connétable d'Armagnac.

5

ficiers de la couronne de France, puissant en terres, en finances, en amis. Un grand nombre d'archers, d'hommes d'armes, entouraient l'échafaud, et toutes ces troupes étaient commandées par de grands officiers, les comtes du Bouchage, de Saint-Pierre de Cerisay : il ne s'agissait donc pas, bien sûr, d'une exécution ordinaire. Bientôt le lugubre cortége s'avança, et lentement monta sur l'échafaud ; puis la hache du bourreau tomba et fit justice.

Ce qu'il y eut de plus étrange, ce fut de voir deux petits enfants revêtus de robes blanches et placés sous l'échafaud pour être arrosés du sang qui tombait.

Quel était ce grand coupable ?

Quels étaient ces enfants ?

Le supplicié était le seigneur d'Armagnac, connétable de France ; ses biens avaient été confisqués, il avait été dégradé d'office, et finalement il servait de spectacle à tout un peuple.

Il était sage, vaillant et de grande expérience, dit la chronique ; mais en ces dernières années, abandonné de la grâce de Dieu, il s'était ligué avec les ducs de Bretagne et de Bourgogne pour ravir à Louis XI la couronne et livrer la France aux Anglais. Trahir son pays, le vendre à l'étranger, c'est une action ignoble, infâme, dont rien ne peut atténuer l'horreur. Louis XI découvrit le complot ; il fit trancher la tête à Jacques d'Armagnac, et ce fut bien fait, selon la prudence et la justice.

Mais Louis XI était un de ces hommes qui sont un peu plus cruels que les animaux féroces ; il aimait l'odeur du sang, comme d'autres celle des parfums ; il se réjouissait à la vue des supplices, comme d'autres à celle des danses et des jeux, et quand il s'agissait surtout de défendre son pouvoir, sa couronne, c'était un tigre enragé. C'était par son ordre que les deux pauvres petits enfants étaient là pour recevoir sur leurs têtes innocentes le sang coupable de leur père : ces deux enfants étaient les fils de Jacques d'Armagnac. L'aîné, Henri de Nemours, avait huit ans, et François, son frère, en comptait sept à peine.

Ils menaient une vie heureuse et paisible dans le château seigneurial de Lectoure, sous l'œil de leur mère, ne songeant qu'aux plaisirs et aux joies de leur âge, s'aimant l'un l'autre, chérissant tous deux leur mère, quand on vint les arrêter comme des coupables : des conspirateurs de sept ans ! Par une indigne parodie de la justice, on les interrogea, et on leur demanda s'ils n'étaient pas complices du crime de leur père, eux qui étaient à peine nés !

Quand il furent ainsi couverts du sang paternel, Louis XI les fit conduire à la Bastille : on les jeta dans des cachots souterrains. Mais l'emprisonnement ne satisfaisait pas la vengeance du roi : on inventa pour eux un supplice nouveau, le plus cruel peut-être que l'imagination puisse concevoir. On fit construire des cages en fer, larges par le haut et fort étroites par le bas, dans la forme d'un cornet de papier ; de sorte qu'on ne pouvait, à vrai dire, s'y tenir ni debout, ni couché, ni assis. Ce fut dans ces machines infernales qu'on mit ces pauvres petites créatures. Ils éprouvaient une souffrance continuelle, sans repos, sans trêve, sans sommeil. Un morceau de pain noir, un peu d'eau sale, étaient toute leur nourriture. Qu'on se figure les tortures de ces enfants tombés là, du beau château de Lectoure, où leur enfance s'était écoulée, où ils avaient l'air embaumé, les belles pelouses pour jouer, les beaux coteaux d'Armagnac pour courir, les baisers, les tendres soins de leur mère adorée ! Heureusement leurs deux cages étaient placées l'une près de l'autre ; à travers leurs barreaux, ils pouvaient se prendre et se serrer affectueusement la main ; ils pouvaient parler de leur mère, se consoler entre eux, s'exciter à la résignation et au courage, et c'est ainsi que faisaient ces martyrs.

François de Nemours, le plus jeune des deux frères, était aussi naturellement le plus faible, le moins fort à la souffrance ; souvent il se plaignait et disait : « Nous ne reverrons plus notre mère, notre beau pays d'Armagnac ! Pourquoi Dieu ne nous fait-il pas mourir bien vite ? — Dieu sait ce qu'il fait, répondait Henri ; peut-être nous réserve-t-il encore de beaux jours. Ne pleure pas, mon bon petit frère, peut-être nos maux cesseront-ils bientôt ; ne pleure pas :

si nous souffrons en ce monde, nous en serons récompensés en l'autre. » Avant sa captivité, le jeune Henri était un
enfant comme beaucoup sont : vif, plein d'ardeur et d'un
certain courage; il aimait à voir les hommes d'armes, les
chevaux et les armures : c'était le goût dominant de cette
époque; mais à peine fut-il prisonnier, qu'il devint homme
tout-à-coup. Et combien d'hommes n'auraient pas eu le
courage de cet enfant !

Quelque atroce que fût leur position, ils finirent enfin
par la trouver moins insupportable ; leurs membres si jeunes se ployèrent pour ainsi dire à cette existence. Louis XI,
qui ne s'inquiétait guère que de ses ennemis, s'informa de
ce que devenaient les deux Nemours : on lui apprit que les
pauvres petits étaient tout contrefaits, maigres, souffrants,
mais qu'ils s'étaient façonnés à leur étrange existence;
qu'ils prenaient la nourriture qui leur était servie, et qu'ils
sommeillaient quelquefois. Le roi n'y trouvait pas son
compte, il voulait un supplice continuel, et ces jeunes victimes lui volaient quelques instants de repos. Il ordonna,
en conséquence, qu'on leur arrachât à chacun une dent
tous les huit jours. Quelle ne fut pas la désolation de ces
pauvres enfants à cette épouvantable nouvelle ! Henri de
Nemours, oubliant son propre danger, pria, supplia, avec
des larmes et des sanglots, qu'on voulût bien épargner son
pauvre petit frère, disant que lui se soumettait à ce supplice sans aucune résistance, mais que François en mourrait. Le bourreau chargé de l'exécution de cet ordre bar-
bare ne put s'empêcher d'être attendri par ces larmes et
ces prières; mais le roi Louis XI n'aurait pas souffert une
infraction à ses ordres. Le bourreau le savait; le premier
mouvement de sensibilité passé, il fit observer au jeune
Henri de Nemours qu'il voudrait bien pouvoir accéder à ses

prières, mais qu'il y allait pour lui de la vie; que son châtiment, s'il n'obéissait, ne les sauverait pas; qu'un autre ac-
complirait ce qu'il refuserait de faire. Il joignit quelques
consolations, et allait, de gré ou de force, exécuter les ordres
terribles qu'il avait reçus, quand Henri, le suppliant de
nouveau, lui dit : «Il suffit que vous montriez au roi deux
dents; eh bien! arrachez-m'en deux : épargnez mon pauvre
petit frère! Voyez comme il est faible et souffrant; autant
vaudrait le tuer. »

L'exécuteur ne put résister à ce dévouement, à cet hé-
roïsme ; il arracha deux dents au faible enfant, qui souffrit
cette exécution avec un courage sans exemple, et cela pendant plusieurs semaines, car Louis XI ne retrancha rien de
sa première rigueur, et il exigea tous les huit jours les deux
dents. Peut-être aurait-il trouvé un nouveau supplice pour
ces deux pauvres créatures après la destruction de leurs
dents ; mais Dieu ne lui en laissa pas le temps, il rappela à
lui Henri de Nemours, lorsque cet héroïque enfant n'allait
plus pouvoir payer la dette de son frère. Ses souffrances lui
occasionnèrent une fièvre qui le ravit six mois au plus après
son entrée dans la prison de la Bastille.

«Je vais mourir, disait-il, mon pauvre François, et dans
le ciel je vais prier le bon Dieu pour toi : peut-être ma
mort fléchira-t-elle le roi, peut-être Dieu punira-t-il notre
persécuteur; souffre sans murmurer; tu reverras bientôt,
sois-en sûr, notre bonne mère; tu lui diras que je n'ai re-
gretté en mourant qu'une chose, de n'avoir pas eu sa bénédiction et ses baisers.» Il ajouta à son frère qui fondait en
larmes : «Ne pleure pas, François, ne pleure pas... de là-
haut je veillerai sur toi!» Puis cet enfant sublime, cet
ange remonta vers le ciel.

François ne resta pas tout-à-fait seul dans cette horrible

prison. Presque tous les prisonniers célèbres ont aimé quelque petit animal qui est venu s'attacher à eux : qu'y a-t-il
d'étonnant à cela? quand on est seul, abandonné, isolé de
tous, ne porte-t-on pas intérêt aux moindres choses qui seraient tout-à-fait insignifiantes dans le mouvement et la distraction ordinaire de la vie? Une petite souris blanche s'é-
tait familiarisée peu à peu avec les deux jeunes prisonniers ;
elle venait manger les miettes de pain qu'ils réservaient
pour elle. Ce fut la seule consolation du pauvre François de
Nemours, sa seule distraction pendant huit années qu'il lui
fallut encore vivre ainsi et souffrir. Enfin, le samedi
30 août 1483, la mort vint frapper le vindicatif et superstitieux Louis XI, en son château de Plessis-les-Tours, au
milieu de toutes les reliques dont il s'était entouré pour lui
échapper : il en avait fait venir de Reims, de la Sainte-Cha-
pelle de Paris et de Rome, la sainte ampoule, les verges de
Moïse et d'Aaron, le bois de la vraie croix.

Son fils, Charles VIII, rendit à la liberté les victimes
nombreuses de la politique cruelle et craintive de son père.
François de Nemours revit sa mère, le château de Lectoure,
les coteaux d'Armagnac. Mais comme il était différent de
ce bel enfant blond que les archers de Louis XI étaient ve-
nus chercher il y avait huit ans! comme toutes ces couleurs
roses et fraîches de l'enfance heureuse avaient disparu sous
la triste pâleur de la souffrance! A peine pouvait-il marcher
maintenant, boiteux et contrefait, lui qui était si agile et si
prompt autrefois!

Philippe de Comines, qui a écrit l'histoire du règne de
Louis XI, et qui vivait à la cour de ce prince, fait observer
que son maître, par une juste vengeance du ciel, souffrit
de presque toutes les souffrances qu'il fit endurer aux
autres. Il voulait se faire craindre, et il craignait tout le

monde, jusqu'à son propre fils, ses plus proches parents. Sur le moindre soupçon, sans aucune cause réelle, sur une simple apparence, il faisait jeter en prison les personnes les plus considérables, et il fut obligé de s'emprisonner lui-même au château du Plessis-les-Tours, d'où il n'osait sortir, où il n'osait laisser entrer que fort peu de monde. Il pressurait le peuple, l'accablait d'impôts, et ses serviteurs le pressuraient à leur tour, l'accablaient d'exigences, et encore le quittaient et s'enfuyaient sitôt qu'ils étaient riches. Jacques Cottier, son médecin, exigeait de lui trente mille francs par mois, en sus des terres, des bénéfices, des offices pour lui et les siens. Ce médecin lui parlait avec tant de rigueur et de rudesse, qu'on n'aurait pas osé traiter un valet comme il traitait le roi, et Louis XI n'aurait pas osé le renvoyer, car Cottier lui disait audacieusement qu'il ne vivrait plus huit jours s'il se défaisait de lui. Or, ce prince craignait surtout la mort; il avait fait venir de Calabre un ermite, espérant que les prières de ce saint personnage obtiendraient pour lui une vie prolongée au-delà du terme ordinaire; il avait défendu qu'on prononçât jamais devant lui le mot de mort; et, pour dernière punition, son médecin, son ermite, tout le monde lui dit qu'il ne devait conserver aucune espérance de vivre plus long-temps, que sa mort était prochaine, très-prochaine. En vain répondit-il : « *J'ai espérance que Dieu m'aidera, car, par adventure, je ne suis pas si malade comme vous pensez.* » Il vit cependant la mort venir pas à pas, et comme il conserva toute sa connaissance, il se sentit mourir. Pas une larme ne fut versée sur sa tombe.

## LE DUC DE BOURGOGNE,

LOUIS-FRANÇOIS-XAVIER DE FRANCE.

Rien ne peut se comparer aux manifestations de la joie publique, à l'occasion de la naissance de Louis-François-Xavier, qui reçut le titre de duc de Bourgogne, que celles qui avaient éclaté, un siècle auparavant, lorsque naquit à Versailles un autre duc de Bourgogne, qui fut le père de Louis XV. La foule alors s'était portée jusque dans les appartements de madame la dauphine, sa mère; des feux de joie avaient été allumés dans les cours du château, et l'on y jeta les lambris et les parquets destinés à la grande galerie. C'est alors que Louis XIV répondit aux plaintes de *Bontemps* sur de tels désordres : « Qu'on les laisse se réjouir, nous aurons d'autres parquets ! »

6

Ces deux ducs de Bourgogne devaient avoir des destins semblables : naître, croître rapidement en vertus et en science, pour bientôt disparaître !

Le jour qu'on suppléa les cérémonies du baptême au jeune duc de Bourgogne, le dauphin, son père, se fit apporter le registre de la paroisse où était inscrit son nom, et le lui montrant suivi et précédé de celui des fils de quelques obscurs artisans, il lui dit : « Vous le voyez, mon enfant, aux yeux de Dieu, les conditions sont égales, et il n'y a de distinctions que celles que donne la vertu. Vous serez estimé plus grand que ces enfants, mais ils seront plus grands que vous devant Dieu, s'ils sont plus vertueux. »

Ces idées, qu'enseignent la religion et la raison, étaient généralement assez méconnues pour qu'il ne fût pas inutile de les enseigner solennellement à celui qui était le petit-fils de Louis XV, et qui devait monter sur le trône naguère occupé par Louis XIV. M. le duc de Bourgogne garda un continuel souvenir de cette grave leçon. On vit bien, par les efforts qu'il fit pour devenir un homme savant et vertueux, qu'il voulait mériter le rang suprême qu'il tenait du hasard de la naissance. M. le duc de La Vauguyon fut son gouverneur. On commença à l'instruire, pour ainsi dire, au sortir du berceau. Il avait, au reste, un désir naturel d'apprendre ; il voulait tout connaître ; il faisait mille questions sur tous les objets qu'il voyait, et l'on avait ordre de le satisfaire. Il nous paraît à propos de dire dans tous ses détails la méthode suivie pour l'instruction de M. le duc de Bourgogne.

Dès l'âge de quatre ans, pour donner un aliment à l'extrême activité de son esprit, on lui faisait des lectures lentes et suivies ; on répondait à toutes ses questions, puis

on lui montrait des gravures représentant les faits racontés;
on les expliquait minutieusement. On parvint ainsi à lui
donner des notions succinctes sur les principales sciences,
et notamment sur l'histoire. On s'aperçut bientôt qu'il
avait un goût décidé pour les sciences exactes : on lui avait
parlé de mathématiques, de géométrie ; il voulut avoir une
définition de cette science, ensuite il demanda qu'on lui en
enseignât les premiers éléments. On crut devoir accéder à
ce désir, encore bien qu'il n'eût pas atteint cinq ans. Il
était admirablement bien organisé pour ces études, car il y
fit des progrès extraordinaires. Ses maîtres lui donnaient
toutes les définitions bien exactement, et lui laissaient le
plaisir de résoudre seul les problèmes, ce à quoi il parve-
nait toujours. La joie du succès lui faisait oublier toutes
les difficultés vaincues pour y parvenir; de cette manière
on lui rendit agréables des études naturellement ardues et
pénibles; aussi disait-il qu'il allait jouer quand venait l'heure
de ses leçons de mathématiques. Aucune science ne lui offrait plus d'attraits ; de la théorie il passa bientôt à la pratique. «Ce fut, dit M. de Pompignan, qui a écrit son histoire, dans le printemps de l'année 1757 qu'il fit à Meudon
ses premiers essais de géométrie pratique. » C'était plaisir
de le voir, la règle, l'équerre, le compas à la main, opérer
comme un arpenteur consommé. Madame la dauphine aimait surtout à voir son fils prendre cet exercice, où il montrait une intelligence et une grâce infinies ; il faut bien se
rappeler qu'il n'avait encore que six ans.

Si on avait concentré toutes ses facultés sur cette seule
science, il n'est pas douteux qu'on en eût fait une petite
merveille; mais M. le dauphin avait le sens trop droit pour
ambitionner un tel résultat : il voulait, avec raison, que son
fils, destiné à gouverner un jour, eût des connaissances

saines, mais ordinaires, sur toutes choses, et non pas de merveilleuses en une seule science. Le plan d'éducation suivi pour ce jeune prince embrassait en effet les principales connaissances humaines, et il eut tant d'application, qu'à l'âge de neuf ans, où il mourut, il savait déjà la géographie, les mathématiques, l'histoire; il avait une connaissance suffisante des principaux ouvrages écrits sur l'art militaire, et il les comprenait avec une facilité et une promptitude véritablement étonnantes.

Cependant M. le dauphin voulait bien moins faire de son fils un savant qu'un bon citoyen. Aussi son éducation morale fut-elle plus soignée encore que son instruction scientifique. Ainsi on habitua de bonne heure le jeune prince à tenir une sorte de registre, sur lequel, jour par jour, il inscrivait lui-même le compte-rendu de ses occupations, de ses pensées, de ses actions, et même de ses fautes. Souvent on lisait au prince ce qu'il avait fait de bien ou de mal : ce moyen si ingénieux et si simple de lui rappeler ses fautes le porta à s'en corriger; et souvent, au moment de mal faire, il se retenait par la crainte seule d'avoir à s'accuser lui-même, et de faire connaître ainsi la mauvaise action qu'il aurait commise. Fatigué un jour de l'humeur brusque de son frère, le duc de Berri, il prit son journal, et pria son sous-gouverneur d'en lire quelques passages. Dans un article où le prince avait été assez maltraité, le lecteur baissa la voix et semblait vouloir passer outre : « Allez, allez jusqu'au bout, monsieur, je crois m'être corrigé de ce défaut-là. » Ce fut ainsi qu'il avait imaginé de faire sentir au duc de Berri ses torts, sans être obligé de s'en plaindre à personne.

L'histoire rappelle une foule de circonstances dans lesquelles se firent remarquer sa docilité, son respect et son amour pour le roi, le dauphin, et particulièrement la dauphine, sa mère ; son horreur pour le mensonge et pour les flatteurs dont il ne pouvait manquer de se trouver fréquemment entouré. Quelqu'un lui donnant des éloges qui sentaient l'adulation : « Vous me flattez, dit-il, et je n'aime pas qu'on me flatte. » Le soir, en se couchant, il dit à son gouverneur : « Ce monsieur me flatte, prenez garde à lui. » Il était désireux de l'estime publique. Un jour qu'on l'entretenait de la maladie de Louis XV à Metz, et qu'on lui disait que ce fut à cette occasion qu'il reçut le surnom de *Louis le bien aimé* : « Ah ! s'écria-t-il, que le roi dut être sensible à tant d'amour ! et que je l'achèterais au prix d'une pareille maladie ! » Combien furent nombreux les actes de bienfaisance et les privations qu'il s'imposait pour donner davantage aux pauvres ! Nous citerons entre autres l'anecdote suivante : le jeune prince désirait depuis long-temps une petite artillerie ; on lui en avait trouvé une charmante du prix de cent louis ; l'argent était prêt, et il se disposait à en faire l'acquisition, quand on parla devant lui du malheur d'un brave officier qu'une réforme subite venait de placer dans une position très-misérable et de laisser sans ressources,

« Allons, s'écria aussitôt le petit duc de Bourgogne, plus d'artillerie! » Et à l'instant même, il fit porter au brave capitaine la somme destinée à l'acquisition par lui tant désirée.

Une vivacité naturelle jetait parfois notre jeune héros dans des écarts qui allaient jusqu'à l'emportement : dès qu'il s'en apercevait, il se hâtait de réparer sa faute et n'hésitait pas à se reconnaître coupable. Ses reparties étaient toujours vives et spirituelles. On raconte qu'à l'âge de cinq ans, apprenant l'histoire de France dans des conversations familières avec son précepteur, il parut tout glorieux d'entendre dire qu'il y avait une longue suite de soixante-six rois depuis Pharamond jusqu'à son aïeul Louis XV ; il paraissait croire que c'était une seule et même filiation. M. le duc de La Vauguyon crut devoir lui dire que l'on n'avait pas de preuves que les rois de la troisième race descendissent de la première, ni même de la seconde. « Au moins, monsieur, s'écria-t-il, je descends de saint Louis et de Henri IV ! »

Ce jeune prince était né pour être brave. Il avait témoigné le désir de voir faire l'exercice aux chevau-légers. On lui donna le simulacre d'un combat et d'une attaque, avec un feu tout aussi vif et aussi terrible que dans les actions les plus chaudes. Lorsque le feu et le bruit commencèrent, il appuya les mains sur son front pendant toute la première décharge, sans dire un mot ; ensuite il les retira, et avec sa gaieté ordinaire, il dit au duc de La Vauguyon : « J'ai voulu m'essayer, et je n'ai point été étonné du tout. »

Le duc de Brissac, qu'il aimait et qu'il estimait beaucoup, lui dit un jour : « Monseigneur, à votre première campagne, je demande d'être votre aide de camp. — Non, répondit-il, monsieur le duc, vous serez alors maréchal de France, et vous me donnerez des leçons. »

Il était surtout bon, dans toute l'acception du mot : il aimait mieux un grand mal pour lui qu'un petit pour les autres. Sa bonté fut la cause de sa mort.

Le jeune duc de Bourgogne courait et jouait d'aussi bon cœur qu'il étudiait. Descendant un jour avec trop de vivacité l'escalier de son appartement, il fit une chute très-grave et éprouva des douleurs très-aiguës au genou droit; mais, craignant d'alarmer sa mère et de faire réprimander les personnes commises à sa garde, il dissimula sa souffrance et ne se plaignit pas. Le mal ignoré fit de rapides progrès, un abcès survint, et il fallut lui faire une douloureuse opération. Avant qu'on y procédât, le prince voulut examiner les instruments qui allaient servir. « Allons, dit-il ensuite avec toute la fermeté d'un homme fait, je dois souffrir, afin de guérir et de consoler ma tendre mère. » Après l'opération, qu'il supporta avec un courage qui ne se démentit pas, son père et sa mère le couvrirent de baisers; il les serra sur son cœur, pleura avec eux, et dit au dauphin : « Papa, si je pleure, c'est de joie au moins! »

A partir de ce moment, notre jeune et intéressant enfant ne put recouvrer une parfaite santé. Les espérances que successivement on eut de son rétablissement furent déçues. Sa plus grande inquiétude était pour ses études; il ne cessait de demander ses livres et les leçons de ses maîtres. On ne peut oublier ce billet touchant qu'il écrivit au dauphin, son père, se servant d'un crayon, à défaut d'encre et de plumes, qu'on avait soin d'éloigner de lui :

« Cher papa, je commence à mieux me porter. Je vous
» demande une grâce, vous m'aimez trop pour me la re-
» fuser : permettez-moi de continuer mes études. J'ai grand'
» peur d'oublier le peu que je sais, et il y a beaucoup de
» choses que je désire apprendre. »

Affligé des ordres qui avaient supprimé ses exercices classiques, il demanda à voir ses maîtres. « Ce n'est point, disait-il, pour prendre des leçons, mais j'aurai la satisfaction de les entendre parler des choses qu'ils m'ont apprises. »

Le mal fit de nouveaux progrès, une fièvre lente le consumait, bientôt toute espérance fut perdue de le sauver. Il se préparait de lui-même à sa fin, qu'il sentait devoir être prochaine. Quand vint le moment fatal, il dit à l'évêque de Limoges, qui l'assistait à ses derniers instants : « J'ai du courage, monsieur, j'ai fait le sacrifice de ma vie. » Ayant demandé son gouverneur, il lui dit : « Adieu, mon bon ami. Je vous remercie bien tendrement de vos soins. Consolez mon papa et ma chère maman. »

Ce fut ainsi qu'expira, dans sa neuvième année, cet auguste enfant, qui avait donné de si grandes et si justes espérances.

Cette mort fit une grande sensation. Les philosophes jetèrent les hauts cris, et Diderot en accusa assez ouvertement le duc de La Vauguyon, disant que le duc de Bourgogne avait été la victime de son héroïque vertu, et que son gouverneur lui avait inspiré une piété trop vive. Étrange accusation! Sans doute cette mort prématurée fut tristement déplorable; mais, quand on songe que cet ange devait monter sur le trône où régna Louis XVI, quand on songe qu'il lui était réservé de voir et souffrir la révolution française, ne doit-on pas regarder, comme une récompense de ses vertus que Dieu l'ait appelé si tôt à lui?

Geniole Inv.t                    BÉBÉ                    Challamel, lith.

## NICOLAS FERRY, DIT BÉBÉ.

n a cru long-temps qu'il avait existé un peuple de nains. Des historiens sérieux de l'antiquité nous parlent des Pygmées, qui, suivant leurs récits, n'avaient pas plus d'une coudée de haut. Aujourd'hui tout le monde est d'accord pour regarder ces assertions comme des fables; un nain n'est plus considéré que comme un homme imparfait, un phénomène, un jeu de la nature, une monstruosité, digne tout au plus d'appeler l'attention de l'anatomiste et du philosophe. Aussi ne nous serions-nous pas avisés de donner place dans notre galerie des Enfans célèbres au nain Nicolas Ferry, dit Bébé, si cet être étrange n'avait eu d'au-

7

·tres titres que la bizarrerie de sa construction. Ce sont donc les circonstances extraordinaires de sa courte existence qui nous ont paru dignes de fixer notre attention et d'être racontées, encore bien qu'il ne surgisse de cette vie aucun enseignement moral.

Nicolas Ferry est né à Plaisnes, principauté de Salins, dans les Vosges, le 15 novembre 1741. Ses parents étaient d'une constitution ordinaire.

A sa naissance, il était long de huit ou neuf pouces et ne pesait que douze onces. Quand on voulut le faire baptiser, on le porta à l'église sur une assiette de filasse; un sabot rembourré lui servit de berceau. Il était infiniment trop faible, et sa bouche beaucoup trop étroite pour téter. Aussi désespéra-t-on d'abord de pouvoir le conserver. On eut recours au biberon; une chèvre lui fournit son lait; il n'eut pas d'autre nourrice que cet animal, qui, de son côté, sembla s'y attacher.

Il eut la petite-vérole à six mois, et le lait de la chèvre fut en même temps son unique nourriture et son unique remède. Dès l'âge dix-huit mois, il commença à parler; à deux ans, il marchait presque sans secours; ce fut alors qu'on lui fit ses premiers souliers, qui avaient dix-huit lignes de long. Gai, vif, pétulant comme un écureuil, ce ne fut que grâce aux précautions les plus minutieuses, aux soins les plus assidus, qu'il échappa aux dangers si fréquents dans la première enfance; on lui arrangea un grand galetas pour qu'il pût prendre ses ébats en sûreté. La nourriture grossière des villageois des Vosges, telle que les légumes, le lard, les pommes de terre, fut la sienne jusqu'à l'âge de six ans, et pendant ce temps il eut plusieurs maladies dont il se tira heureusement. Cependant on ne s'apercevait point qu'il grandît; superstitieux comme on l'était à cette époque, ses parents crurent qu'on avait jeté sur lui un *sort* pour empêcher sa croissance. Quelques historiens nous le représentent, dans son enfance, livrant, en brave spadassin, bataille à des dindons, les mettant en fuite ; une autre fois, ce sont une mère-oie, un gros mouton qu'ils établissent vigilants gardiens de sa petite personne, ne permettant pas qu'aucun animal étranger s'approchât de lui. Nous n'avons rien trouvé de ces détails, malgré toutes nos recherches sur Nicolas Ferry. Quoi qu'il en soit, la réputation du petit Ferry ne tarda pas à se répandre : de tous côtés on accourut pour le voir et l'examiner. Stanislas le Bienfaisant, roi de Pologne, qui, après avoir perdu son royaume, n'était plus alors que duc de Lorraine, entendit parler du nouveau Lilliputien ; il désira le voir. Son père l'apporta lui-même à Lunéville, couché dans un panier de jonc, qu'il tenait suspendu à son bras. Ce prince, à la vue de cet être extraordinaire, fut émerveillé, et fit à son père la proposition de le garder à la cour. Le villageois eut d'abord beaucoup de peine à se décider ; mais en réfléchissant aux avantages qui résulteraient et pour sa famille et pour l'enfant de sa condescendance, il se rendit au désir manifesté par Stanislas. Voici le portrait qu'un témoin oculaire a fait de ce petit prodige, au moment dont il s'agit :

« Toutes les parties de son corps, dit M. Kast, médecin
» de la reine, sont bien proportionnées ; il a un joli visage,
» le nez bien fait et aquilin, les yeux d'un brun foncé, les

» cheveux blonds et argentés ; il a sur le front une grande
» et une petite marque blanche de petite-vérole ; quelques
» autres pareilles , mais plus petites , sont répandues sur
» son corps. »

On lui fit des habits et des meubles pour son usage ; on
lui donna des domestiques pour le servir. Alors s'ouvrit
une ère nouvelle pour Nicolas Ferry : des viandes délicates,
des mets succulents, remplacèrent les grossiers aliments
dont il avait été nourri jusqu'à ce jour. Caressé, fêté à l'envi,
devenu le bijou des dames et des seigneurs de la cour de
Lorraine, il dut mener une existence toute dorée ; il ne
tarda pas à oublier la chaumière où il avait été élevé. Sa
mémoire était très-fugitive : quinze jours après son arrivée,
sa mère vint le voir ; c'est à peine s'il put la reconnaître ;
cependant, à son départ, l'instinct de la nature se réveilla
en lui, il se jeta dans ses bras, l'accabla de caresses, et ne
voulait plus la quitter.

Bien qu'il témoignât d'ordinaire peu de sensibilité, il
s'attacha singulièrement au prince. Ce fut alors qu'il prit le
nom de Bébé, qui lui fut donné par le monarque, et voici à
quelle occasion. Stanislas voulut autant que possible développer en lui les trésors de l'intelligence , et lui donna des
maîtres pour l'instruire. Son langage jusqu'ici était fort peu
intelligible ; peu à peu il s'accoutuma à parler avec assez de
netteté ; mais, en dépit de tous les efforts, il ne put jamais
apprendre à lire. Pour lui, tous les caractères représentaient un même son, à l'exception des voyelles, qui furent
les seules lettres qu'il parvint à retenir. Toutes les con-
sonnes, il les prononçait indistinctement comme le B. Stanislas, voulant se moquer de lui, l'appela un jour Bébé, et
le sobriquet lui resta.

A six ans, sa voix n'avait pas plus de volume que celle

d'un enfant d'un an, les organes étant proportionnés au corps. Ses genoux, surtout le droit, avançaient un peu en dehors, ce qui pouvait diminuer encore sa hauteur d'environ un demi-pouce. Il ne restait pas un instant en repos, et il était d'une vivacité extraordinaire, ce qui fit présumer qu'il montrerait plus de disposition pour les arts d'agrément que pour les combinaisons abstraites de l'esprit. Quelques soins, en effet, qu'on ait pu prendre pour lui inculquer les premiers éléments de la science, il n'a pas été possible de développer chez lui ni jugement ni raison; la très-petite mesure de connaissances qu'il put acquérir n'a jamais été jusqu'à recevoir aucune notion de religion, ni à former aucun raisonnement suivi; sa capacité ne s'est jamais élevée beaucoup au-dessus de celle d'un chien bien dressé. Il fit des progrès plus marqués dans tout ce qui concerne les exercices du corps: on lui fit un petit fusil, qu'il parvint à manier avec assez d'habileté; il apprit quelques évolutions militaires; souvent la cour de Lunéville s'amusait à le voir manœuvrer, en habit de grenadier, sur une large table, sautant, voltigeant et s'escrimant. Il aimait avec passion la musique et battait quelquefois la mesure assez juste; il dansait même avec assez de précision; mais ce n'était qu'en regardant fort attentivement son maître, pour diriger tous ses pas et tous ses mouvements sur les signes qu'il en recevait.

L'intelligence de Bébé ne grandit point avec l'âge; seulement les passions se développèrent en lui: il était enclin à la jalousie et à la colère: pour lors, tous ses discours étaient sans suite et n'annonçaient que des idées confuses; en un mot, il ne montrait que cette espèce de sentiment qui naît des circonstances, du spectacle, d'un ébranlement momentané. Il ne connaissait pas le danger; ses désirs

étaient d'une violence extrême; jamais il ne se laissait détourner de son objet, quelque frivole qu'il parût, le reste
lui était indifférent. Son sourire était très-gracieux, mais
il ne riait pas souvent. Bien qu'il témoignât d'ordinaire
peu de sensibilité, il était susceptible de reconnaissance. Il
s'attacha singulièrement au prince, et marquait de l'affec-
tion pour les femmes qui avaient soin de lui.

Stanislas le fit un jour le héros d'une sorte de comédie
qu'il imagina pour divertir sa cour, et qui nous paraît avoir
une grande analogie avec une scène semblable qui s'était
antérieurement passée à la cour de Wurtemberg, et dont
un observateur nous a transmis le récit. On en jugera.
« Aux noces d'un duc de Bavière, un petit gentilhomme,
armé de pied en cap, brisa tout-à-coup avec sa tête le dôme
d'un pâté; il sortit vivement son épée du fourreau, fit le
salut d'armes, tira au mur contre la croûte de sa prison,
s'escrima contre les plats, tailla en pièces un verre de Bo-
hème et coupa la tête à un faisan. Après tout ce tapage, il
traversa fièrement la table en entonnant un champ de victoire, et sauta légèrement à terre, son trophée à la main,
aux grands applaudissements et au fou rire de la compagnie. » Voici maintenant le fait qui concerne Bébé. Stanislas invita à un grand dîner quantité de seigneurs et
d'officiers de marque, ainsi que plusieurs dames et demoiselles de Lunéville. Au dessert, une musique délicieuse se
fit entendre dans un salon voisin; on apporta un magnifique pâté qui avait la forme d'une citadelle, avec tours,
bastions, tourelles et remparts garnis de pièces d'artillerie
et autres instruments de combat en sucre. Tandis que les
convives admiraient ce chef-d'œuvre d'architecture culi-
naire, ils virent sauter en l'air la calotte du pâté : Bébé,
armé de pied en cap, comme le nain de Bavière, s'élance

de la citadelle, tire un coup de pistolet et brandit un sabre
au-dessus de sa tête, puis se met à courir avec rapidité,
faisant le simulacre de vouloir fendre la tête aux officiers
qui se trouvaient sur son passage, et qui, dès l'abord, ne
parurent pas très-rassurés ; on rit beaucoup de cette
frayeur involontaire. Après cette campagne, Bébé s'en retourna gravement faire sentinelle auprès de son pâté, et
là il fut, au milieu des éclats de rire, assiégé par les dames d'une grêle de macarons, de dragées et de bonbons,
sous laquelle il était presque englouti. Chacun loua, ad-
mira, caressa le redoutable guerrier ; l'histoire du pâté,
mentionnée tout au long dans les journaux du temps, mit
le comble à sa célébrité. Stanislas le fit peindre de toutes les
manières, et se faisait un plaisir de donner son portrait.
Des étrangers de distinction; plusieurs princes firent exprès un voyage à la cour du duc de Lorraine pour voir le
merveilleux nain. C'est à cette époque qu'il faut placer les
diverses tentatives qui furent faites pour l'enlever, et qui
toutes échouèrent. Tantôt c'était un domestique gagné,
qui, faisant semblant de badiner, le saisissait tout-à-coup
et le cachait dans une poche de son manteau ; tantôt c'était
un postillon qui le faisait entrer dans une de ses bottes
fortes, et le chargeait sur ses épaules, simulant d'aller chez
le cordonnier; tantôt enfin c'était un factionnaire qui s'em-
parait de lui et le fourrait tout-à-coup sous sa capote; mais
bientôt Bébé poussait des cris perçants et déconcertait
ainsi les ravisseurs, dont l'audace recevait alors un châtiment mérité.

Bébé devint dès lors l'objet d'une active surveillance :
plusieurs pages furent chargés de l'accompagner en tous
lieux, et de ne le laisser jamais seul. L'ennui le gagna, et
une profonde mélancolie le mina insensiblement ; cette

sorte de captivité lui pesait. Stanislas mit en jeu pour le distraire mille moyens ingénieux. Il lui fit construire une jolie maison roulante; c'était un véritable château, avec vestibule, salle, salon, chambre à coucher; il y avait de plus un jardin planté d'arbres, des bassins, un parterre et des fleurs. Tout l'ameublement était proportionné à la taille du propriétaire. On y voyait une infinité de jeux de toute espèce, entre autres un joli billard, pour lequel on avait réservé une pièce tout exprès.

Ce gentil ermitage était peuplé de toutes sortes d'animaux nains : c'étaient une petite levrette, qui n'était pas plus grosse qu'un rat; une paire de tourterelles, cadeau de l'impératrice de Russie, blanches comme la neige, et qui n'excédaient point en grosseur un passereau. Plusieurs enfants de la ville furent appelés à venir partager ses jeux, et bientôt la tristesse de Bébé disparut.

Cependant Stanislas se rendit à la cour de Versailles, pour aller voir sa fille, la reine Marie Leczinska, épouse du roi Louis XV. Le nouveau mirmidon fut du voyage. Il ne devait pas quitter le prince; en effet, il ne s'éloigna pas un seul instant de lui : il dînait à ses côtés, il couchait dans la même chambre. Il fit l'admiration de tout ce que la cour comptait de duchesses, de marquises, de belles dames, qui, charmées de sa gentillesse, se le disputaient et se le passaient de main en main.

A son retour de Versailles, Bébé recommença son genre de vie, mais on s'aperçut que sa faible intelligence déclinait encore. Un jour, à la campagne, il entra dans un pré dont l'herbe était plus grande que lui; il se crut égaré dans un taillis et cria au secours. Il devint plus irascible. Nous avons dit qu'il était jaloux, nous en donnerons un exemple. La personne qu'il paraissait aimer le plus après son bienfaiteur était la princesse de Talmond, femme du plus grand esprit, et qui s'était donné beaucoup de peine pour chercher à l'instruire. Bébé conçut pour elle une amitié si vive, qu'il ne pouvait souffrir qu'elle caressât aucun autre être que lui. Une fois, voyant cette dame flatter une petite chienne, il devint furieux; il lui arracha des mains le malheureux animal, et le jeta par la fenêtre, en disant : « Pourquoi l'aimez-vous plus que moi? »

Il ne faudrait cependant pas en conclure qu'il avait le cœur méchant; loin de là, on cite de lui une foule de traits qui font honneur à ses sentiments. Il aimait à faire le bien et poussait très-loin cette qualité. Il avait toujours sa bourse bien garnie : son plus grand plaisir était de distribuer son argent aux pauvres. Tous les dimanches, il se mettait au grand balcon du château, et, de là, il s'amusait

à leur jeter des pièces de six sous, enveloppées dans des carrés de papier de diverses couleurs. Lorsque, parmi ces indigents, il remarquait un enfant, plusieurs fois le nain substituait une pièce de six livres à la pièce de six sous, et faisant approcher le petit malheureux, il lui jetait le paquet en lui disant : « Attrape la pistache, c'est pour toi. »

Jusqu'à l'âge de quinze ans, Bébé avait eu les organes libres, et toute sa petite figure très-bien et très-agréablement proportionnée ; il avait alors vingt-neuf pouces de haut. A cet âge, la puberté commença à se déclarer chez lui ; mais ces efforts de la nature lui furent préjudiciables ; jusque là les sucs nourriciers s'étaient également distribués dans toute la machine ; l'âge viril, en se déclarant, troubla cette harmonie ; il eut pour effet d'énerver un corps frêle et débile, d'appauvrir son sang et de dessécher ses nerfs. Ses forces s'épuisèrent ; l'épine du dos se courba ; la tête se pencha ; ses jambes s'affaiblirent ; une omoplate se déjeta ; son nez grossit ; Bébé devint valétudinaire ; il grandit cependant encore de quatre pouces pendant les années suivantes.

Monsieur le comte de Tressan, qui avait suivi avec attention la marche de la nature dans le développement de Nicolas Ferry, avait prévu qu'il mourrait de vieillesse avant trente ans ; effectivement, il tomba dès vingt-un dans une espèce de caducité, et ceux qui en prenaient soin remarquèrent en lui des traits d'une enfance qui ne ressemblait plus à celle de ses premières années, mais qui tenait de la décrépitude.

L'année 1761 eut lieu une bizarre cérémonie. Une jeune naine, âgée de quinze ans, haute d'environ trente-trois pouces, née aussi dans les Vosges, à Adol, fut amenée à Lunéville. La cour de Stanislas eut la fantaisie de célébrer les fiançailles de Bébé et de Anne-Thérèse Souvray. On les habilla richement ; il y eut un grand festin, où les deux nains occupèrent les places d'honneur, et un bal brillant qui dura toute la nuit. Néanmoins le mariage n'eut pas lieu; la mort y mit obstacle, en enlevant Bébé avant qu'il pût être conclu. Quant à Thérèse Souvray, elle est parvenue à un âge fort avancé; plusieurs personnes ont même pu la voir à Paris, en 1819, sur le théâtre de M. Comte, qui, en ayant fait la rencontre dans ses voyages, conjectura qu'elle piquerait vivement la curiosité, et la décida à abandonner ses montagnes pour venir, accompagnée de sa sœur, Barbe Souvray, plus âgée qu'elle de deux ans et plus grande de huit pouces, s'offrir en spectacle aux habitants de la capitale.

La dernière année de sa vie, Bébé semblait accablé. Il mangeait très-peu : une mauviette lui faisait deux repas. Il devint sombre, inquiet, insensible à tout et pleurait sans cesse. Il avait peine à marcher ; l'air extérieur l'incommodait, à moins qu'il ne fît très-chaud : on le promenait alors au soleil, qui paraissait le ranimer; mais c'est à peine s'il pouvait faire cent pas de suite; sa figure se sillonna rapidement des rides de la vieillesse. Au mois de mai 1764, il eut une petite indisposition, à laquelle succéda un rhume accompagné de fièvre, qui le jeta dans une espèce de léthargie d'où il sortait quelquefois, mais sans pouvoir parler. Sa mère était venue lui prodiguer ses soins, mais c'est à peine s'il la reconnaissait.

Les quatre derniers jours de sa vie, il reprit une connaissance plus marquée. Des idées plus nettes, plus suivies qu'il n'en avait eu dans sa plus grande force, étonnèrent tous ceux qui étaient auprès de lui. Stanislas était pour lors à Nancy; Bébé demanda plusieurs fois avec instance son *bon ami*; il ne put le voir; répétant à chaque instant le nom de son auguste bienfaiteur, il mourut sur les genoux de sa mère, en disant : « Je ne pourrai donc pas baiser encore une fois la main de mon bon ami! »

Son agonie avait été longue; il expira le 9 juin 1764, âgé de près de vingt-trois ans. Il avait alors trente-trois pouces de long.

Le duc de Lorraine fut très-sensible à cette perte ; il lui fit faire des funérailles magnifiques. Son cœur et ses entrailles furent séparés de son corps et embaumés avec soin; on les porta en cérémonie dans un cercueil de plomb dans l'église des Minimes de Lunéville, où un mausolée lui fut élevé. Sur ce mausolée on grava son portrait et une épitaphe latine. Son squelette fut déposé dans la bibliothèque royale de Nancy.

Le 14 novembre 1770, M. Méraud fit un rapport sur lui à l'académie des Sciences, et mit en même temps sous les yeux de l'illustre compagnie une petite statue en cire de Bébé, habillée et affublée d'une perruque. Cette figure est, nous le croyons, celle qu'on voit encore aujourd'hui au cabinet de l'école de Médecine à Paris.

Voici la traduction de l'épitaphe que composa M. le comte de Tressan sur le nain de Stanislas le Bienfaisant :

ICI GIT
NICOLAS FERRY, LORRAIN,
JEU DE LA NATURE
PAR L'EXIGUITÉ DE SA TAILLE.
IL FUT AIMÉ DU MODERNE ANTONIN.
VIEUX A LA FLEUR DE L'AGE,
POUR LUI CINQ LUSTRES FURENT
UN SIÈCLE.
IL MOURUT LE 9 JUIN
DE L'ANNÉE 1764.

# TURENNE.

On trouve dans l'enfance de presque tous les grands hommes des pronostics de leur mérite futur : celui-ci, qui fut un grand peintre, dessinait presque au sortir du berceau ; celui-là, qui fut un poète, faisait des vers contre vent et marée, au lieu d'auner le drap ou de peser le sucre, ce à quoi on le contraignait. Le vicomte de Turenne, encore enfant, montra bien, par plusieurs actions, ce qu'il serait par la suite.

Il répétait sans cesse qu'il voulait être soldat; mais il était d'un tempérament si faible, qu'on ne croyait pas qu'il pût embrasser ce parti, et on ne s'en cachait pas en sa présence. Pour faire cesser cette opinion et prouver qu'il saurait supporter vaillamment les fatigues de la guerre, il mettait en pratique cette maxime qui lui fut familière par la suite, que, dans les circonstances difficiles, il faut agir et non raisonner.

Il prit, sans en rien dire à personne, la résolution de passer la nuit sur les remparts de Sédan, dont M. le duc de Bouillon, son père, était gouverneur. Le soir venu, on chercha partout le jeune vicomte; le chevalier de Vassignac, qui était son précepteur, se désespérait; on imputait à sa négligence la disparition du fugitif. La nuit était déjà bien avancée, et la plus grande inquiétude régnait au château. M. de Vassignac se démenait en tous sens, parcourant la ville, les rues, places et carrefours, quand on vint lui apprendre qu'on avait vu M. de Turenne sur les remparts de la ville, couché sur l'affût d'un canon. Notez que le froid était des plus rigoureux, qu'il était tombé la veille une grande quantité de neige. En effet, on le trouva dormant d'un profond sommeil, et on eut beaucoup de diffi-

cultés à le mener coucher au château : sa résolution était, disait-il, de passer la nuit à la belle étoile, comme les soldats. M. de Turenne pouvait avoir neuf ans quand il fit cette équipée.

Le jeune Turenne n'était pas ignorant des belles-lettres, il les cultivait même avec goût et avec fruit; de tous les auteurs, il préférait ceux qui retracent la vie des grands hommes de l'antiquité, et il les lisait avec une admiration passionnée. Un officier en visite chez M<sup>me</sup> la comtesse de Bouillon s'avisa de lui dire un jour que l'histoire de Quinte-Curce, dont il faisait tant de cas, n'était vraisemblablement qu'un roman, où le plus grand nombre des faits étaient controuvés; le jeune Turenne soutint le contraire; l'officier ne voulut pas départir de son opinion, la dispute s'échauffa; la duchesse de Bouillon, pour voir où iraient les choses, se mettait du côté de l'officier, excitant par là l'ardeur de son fils. Turenne se vit forcé de battre en retraite; mais quand il vit l'officier seul, il le provoqua en duel; on convint d'un rendez-vous pour le lendemain; le vicomte sortit pour aller, disait-il, à la chasse, et s'y rendit armé jusqu'aux dents. L'officier l'y joignit bientôt : les épées tirées, les combattants allaient fondre l'un sur l'autre, quand la duchesse de Bouillon parut, disant à son fils qu'elle voulait lui servir de second, puis elle l'embrassa et lui fit faire la paix avec l'officier.

M. de Turenne était bien loin cependant d'être querelleur ni mauvaise tête : on ne lui connut que ce projet de duel dans toute sa vie. On n'a peut-être jamais vu tant de modération unie à tant de bravoure.

Il était un jour au spectacle dans une loge où entraient deux jeunes gens qui ne voyaient pas pourquoi M. de Turenne, beaucoup moins bien habillé qu'eux, ne leur céderait pas la place de devant qu'il occupait. Turenne croyait avoir de bonnes raisons pour n'en rien faire; l'un de ces étourdis, pour se venger du refus qu'il leur en fit, jeta le chapeau et les gants du maréchal sur le théâtre. Un jeune homme s'empressa de les rapporter, avec l'air le plus respectueux. Les impertinents, voyant à qui ils avaient affaire, s'enfuyaient confus, quand Turenne les retint en disant : *Restez, messieurs, restez; en nous arrangeant, il y aura assez de place pour nous trois.*

Un homme commit un jour la sotte indiscrétion de lui demander comment il avait perdu la bataille de Rhétel. Turenne lui répondit avec une simplicité magnifique :

*Je l'ai perdue par ma faute.* Lui le plus grand capitaine de son temps !

M. de Turenne naquit dans la religion réformée. Le cardinal de Richelieu, qui prévoyait ce que serait un jour le vicomte, lui offrit, lorsqu'il était tout jeune encore, une de ses plus proches parentes en mariage ; mais le cardinal aurait voulu que le jeune vicomte fît abjuration, sans toutefois la lui imposer ; Turenne, s'apercevant de cela, refusa nettement une si belle alliance. Plus tard, le cardinal Mazarin lui fit entendre que le roi rétablirait en sa faveur la charge de connétable, si lui-même n'y mettait obstacle par la religion qu'il professait. L'offre de la première charge de la couronne ne fut pas capable de lui faire quitter la religion calviniste, tant qu'il la crut la meilleure, comme nulle considération ne put le retenir quand il fut persuadé du contraire. Il abjura quand il fut parvenu au comble de la gloire, et qu'on n'aurait pu imputer son changement à aucun calcul indigne.

Henri de la Tour d'Auvergne, vicomte de Turenne, naquit en 1611 ; il était second fils du duc de Bouillon, prince souverain de Sédan. En allant choisir une place pour dresser une batterie, il fut tué d'un coup de canon en 1675. Il n'y a personne qui ne connaisse les détails de cette mort qui jeta la France dans la consternation.

## JEUNESSE DE LULLI.

ulli (Jean-Baptiste) naquit à Florence en
1633. Il y resta jusqu'à l'âge de quatorze
ans. On sait peu de chose de son enfance.
Son père était un pauvre mais habile
musicien; Jean-Baptiste reçut de lui les
premiers enseignements d'un art qu'il
devait élever à une si grande perfection.
Sa vie se passait à Florence à jouer du
violon, et, selon toute apparence, son instrument était son
gagne-pain; mais, malgré son talent précoce, il est à présumer qu'il ne serait jamais sorti de l'obscurité, sans la
rencontre qu'il eut le bonheur de faire de M. le duc de
Guise, qui se trouvait alors en Italie. Ce duc de Guise est
le fils du Balafré; il était fort célèbre par la témérité malheureuse avec laquelle il entreprit de se rendre maître de

9

Naples; c'était un seigneur fort bizarre en tout. Lulli vint faire de la musique à l'hôtellerie où était monseigneur de Guise, passant à Florence; le jeu du jeune Florentin plut au duc; il le fit appeler, et le trouva non seulement excellent musicien pour ce temps, mais encore excessivement spirituel et amusant, fort audacieux et fort gai. Le duc lui demanda s'il voulait le suivre : Lulli répondit sans hésiter qu'il le voulait bien. Il avait le projet de le donner à *Mademoiselle*, duchesse de Montpensier, qui l'avait prié de lui rapporter d'Italie quelque cadeau. Quand les parents de Lulli surent à qui ils avaient affaire, et que leur fils allait appartenir à la cousine du roi Louis XIV, ils eurent bientôt donné leur consentement, et le petit Jean-Baptiste, mêlé parmi les gens de monseigneur, fut amené à Paris. Il n'eut pas lieu d'abord de se louer beaucoup de M. de Guise. Présenté à *Mademoiselle*, il n'eut pas le bonheur de lui plaire, et lorsqu'il s'attendait à rester au salon parmi les pages, on le relégua à la cuisine avec les marmitons.

Cependant le jeune Lulli eut bientôt pris son parti de cette mésaventure. Néanmoins il se sentit peu de goût pour son nouvel état, et au lieu de veiller aux sauces, de tourner les broches, il fredonnait sans cesse, et faisait de la musique à chaque instant du jour. Cette rage musicale plut d'abord médiocrement à ses compagnons; ils lui prirent son violon et le cachèrent; mais Lulli inventa des instruments de nouvelle espèce. Il disposait des casseroles de forme, de grandeur et d'épaisseur différentes, de manière

à obtenir des sons divers en les frappant avec des cuillers
à ragoût; il continua ainsi ses études musicales.

Cette harmonie, comme on le pense bien, dut être assez
peu agréable à ceux qui n'avaient pas même pu supporter
les accords suaves du violon. Toutefois, comme Lulli avait
su s'attirer l'amitié de ses compagnons par son caractère
vif et enjoué, par ses espiègleries amusantes, on capitula
avec lui; il renonça à ses instruments de cuivre, et on lui
rendit son violon pour ne s'en servir qu'à certaines heures.
Bientôt, soit que le jeune musicien eût fait des progrès, soit
que les cuisiniers eussent peu à peu pris goût à la musique,
Lulli non seulement eut la permission de jouer du violon
à son aise, mais encore il était souvent prié de le faire. Néan-

moins sa réputation ne sortait pas des cuisines. Chaque soir, le jeune Lulli donnait concert aux valets dans l'office. Le comte de Nogent, se rendant un jour chez *Mademoiselle*, fut frappé des sons mélodieux que Lulli tirait de son violon. Il voulut savoir d'où ils venaient; il s'approcha, et peu à peu il parvint jusque dans l'office où notre jeune virtuose enchantait ses auditeurs. Lulli, loin d'être intimidé par la présence d'un personnage de cette importance, redoubla au contraire d'efforts ce jour-là et fit merveille. Le comte de Nogent demanda comment il se trouvait ainsi dans les cuisines. Lulli lui fit avec une gentillesse parfaite le récit de ses aventures, se plaignit de M. de Guise, qui l'avait trompé, disait-il. M. de Nogent monte chez *Mademoiselle*, parle du jeune Lulli, dit que c'était un malheur de laisser dans l'obscurité un talent qui donnait de si grandes espérances. *Mademoiselle* manda aussitôt son petit marmiton. Il y avait cercle ce soir-là, et la nouvelle de la découverte merveilleuse de M. de Nogent occupa beaucoup la compagnie. Lulli fut introduit avec ses habits de

(Mᶫᴵᵉ DE MONTPENSIER.)

cuisine, salua gracieusement, et, sans être plus intimidé au salon que dans l'office, il se mit à jouer des morceaux de sa composition pleins de grâce et de mélodie. Son succès fut complet : applaudi, encouragé, fêté, il fut, dès le soir même, compté au nombre des pages de la duchesse de Montpensier.

Il ne serait pas rare de rencontrer aujourd'hui de jeunes artistes de quinze ans exécutant aussi bien et sans doute beaucoup mieux que ne le faisait alors Lulli; mais il y a loin de l'état de la musique sous Louis XIV à celui où elle est parvenue depuis. *La bande des vingt-quatre violons du roi* composait alors toute la musique de France, et encore ces musiciens n'exécutaient-ils que des morceaux d'une grande simplicité, dépourvus d'harmonie, et pour la plupart composés en Espagne.

Lulli éclipsa dès son début tous ces artistes; son exécution était vive, hardie et savante, et ses compositions avaient une grâce toute particulière. Louis XIV, jeune encore, aimait beaucoup la musique; on sait qu'il jouait même de la guitare avec habileté et qu'il chantait fort agréablement. Il voulut entendre Lulli, et, quand il l'eut entendu, il en fut si ravi, qu'il créa, exprès pour lui en donner la direction, une nouvelle bande de violons qu'on appela *la bande des petits violons du roi*, ou *les violons de Lulli*. Peut-être Louis XIV, en s'attachant Lulli, n'était-il pas fâché de l'enlever à *Mademoiselle*, à qui il ne pardonna jamais complètement d'avoir, lors du combat de la Porte Saint-Antoine, fait tirer sur ses troupes le canon de la Bastille, où elle commandait.

*Mademoiselle*, qui avait d'abord rebuté Lulli, s'y était ensuite fort attachée; il l'amusait par ses saillies et son talent; elle aimait en lui jusqu'à ses espiègleries; et le jeune Lulli abusait quelquefois de la bonté de cette princesse. Elle se promenait un jour dans les jardins de Versailles; elle y aperçut un piédestal sur lequel il n'y avait pas encore de statue : «Il est fâcheux, dit-elle aux dames de sa suite, que cette place reste ainsi inoccupée. Une statue sur ce piédestal serait du meilleur effet.» Puis elle continua sa promenade. Lulli entend ce propos, il se déshabille, monte sur le piédestal et s'y tient immobile. Quand

*Mademoiselle* revint quelque temps après, elle fut frappée d'étonnement à la vue de cette statue improvisée, et comme la compagnie était assez éloignée encore, on faisait mille suppositions sur ce prodige. Mais on connut bientôt la vérité. Il fut question de punir sévèrement la statue pour cette inconvenante plaisanterie; mais la princesse, trop indulgente, n'en voulut rien faire. Ce fait, qui paraît assez difficile à croire, se trouve dans les mémoires du temps. Quoi qu'il en soit, il caractérise assez bien Lulli, dont les saillies n'étaient pas toujours d'un excellent goût. Il en avait cependant d'assez heureuses. Un jeune homme lui apporta un prologue d'opéra pour avoir son avis. Lulli le trouva mauvais, et dit tout bonnement au jeune homme : « Je ne vois qu'une seule lettre à retrancher à votre prologue, et j'ai pris la liberté de faire le retranchement. » On lisait au bout : *Fin du prologue ;* le pauvre jeune homme n'y lut plus que : *Fi du prologue !*

Ici finit la jeunesse de Lulli. On sait ce qu'il devint : il fut, à vrai dire, le père de la musique française. Louis XIV l'enrichit, l'anoblit; malgré l'opposition du corps des secrétaires du roi, il le fit entrer au sceau et le combla d'honneurs. La protection du roi lui donna un tel crédit, que M. de Louvois, le premier ministre, qui s'était le plus opposé à sa nomination de secrétaire, le rencontrant à Versailles quelque temps après, lui dit en passant : *Bonjour, mon confrère.*

Lulli fut original toute sa vie. Son opéra d'*Armide* fut très-mal reçu du public à la première représentation. On l'avait jugé mauvais, Lulli le trouvait bon envers et contre tous. Ne voulant pas se priver d'entendre son œuvre, il le fit représenter pour lui seul avec toute la pompe qu'on avait déployée devant le public. Il ne laissa pénétrer personne dans la salle. Louis XIV apprend cette singularité : « Je suis convaincu, dit-il, que si Lulli trouve son opéra bon, c'est qu'il l'est en effet. » Aussitôt il fait venir le musicien, le prie de donner à la cour une nouvelle représentation de son opéra. Lulli refuse d'abord, disant qu'il veut garder pour lui seul cette jouissance; qu'il a fait beaucoup de musique pour le public, qu'il veut garder celle-là pour ses plaisirs particuliers. Le roi insiste, Lulli cède, l'opéra est joué et tout le monde l'applaudit.

Lulli mourut à cinquante-quatre ans d'une blessure qu'il s'était faite au petit doigt du pied en battant la mesure avec sa canne. Il conserva sa gaieté jusque dans son lit de mort.

Le chevalier de Lorraine le vint voir lorsqu'il était malade; il lui marquait la tendre amitié qu'il avait pour lui. Madame Lulli, qui était présente, lui dit : «Oui vraiment, monsieur, vous êtes fort de ses amis; c'est vous qui le dernier l'avez enivré, et qui êtes cause de sa mort. — Taistoi, ma chère femme, lui dit Lulli, tais-toi : M. le chevalier m'a enivré le dernier, et si j'en réchappe, j'espère bien qu'il m'enivrera le premier. »

Son confesseur, le voyant en danger, lui dit qu'il ne pouvait lui donner l'absolution qu'à la condition qu'il brûlerait un nouvel opéra qu'il composait au moment où il reçut cette blessure, devenue mortelle par négligence. Lulli consentit aussitôt à ce sacrifice. Quelques jours après, on le crut sauvé; il le crut lui-même. Un des jeunes princes de Vendôme, qui le vint voir, lui dit alors :« Eh quoi! *Baptiste*, tu as jeté ton opéra au feu! Têtebleu, tu es bien fou d'avoir brûlé une si belle musique! — Paix, paix, monseigneur, lui répondit tout bas Lully, *j'en ai gardé une copie.* » C'est ainsi que la cour de Louis XIV entendait la religion. Dans ce siècle de représentation, les somptueuses cérémonies de l'église étaient considérées à l'égal des autres spectacles. Tel seigneur qui n'avait aucune croyance religieuse n'aurait pas osé manquer à la messe ni aux autres pratiques extérieures de la religion catholique. Louis XIV le voulait ainsi, et l'on s'inquiétait bien moins de plaire à Dieu que de déplaire au roi.

Cependant Lulli, voyant arriver la mort, et ne pouvant plus conserver d'espoir, devint enfin plus sérieux, et s'occupa, comme on le doit faire, de son salut. Il mourut avec toutes les marques d'un véritable repentir et d'une grande résignation. Il fut enterré dans l'église des Petits-Pères, où sa famille lui fit élever un mausolée de marbre. Quand Raphaël mourut, on ne crut pouvoir faire de ce grand artiste une plus belle oraison funèbre que de placer en face de son catafalque, pendant la cérémonie funéraire, son admirable tableau de la *Transfiguration* : les musiciens de son temps ne purent mieux honorer Lulli qu'en chantant sur sa tombe les morceaux de musique sacrée qu'il avait composés, et qui avaient un caractère de grandeur inconnu jusque alors.

# JOHN LANDEN.

Vers l'année 1735, vivait aux environs de Northampton un riche fermier nommé Georges Landen. Il avait tout ce qu'il faut pour être heureux : une femme, bonne ménagère, qui lui rendait la vie douce et unie, et deux enfants qui l'aimaient autant que lui les chérissait. Aussi disait-on : *Heureux comme Georges Landen.*

En effet, que lui manquait-il? — N'avait-il pas de l'aisance? — N'était-il pas aimé, estimé de ses voisins? — Chaque jour il remerciait le ciel de la paix dont il le faisait jouir; mais un de ses plus vifs plaisirs était de s'entretenir avec sa femme, la bonne Brigitte, de ses deux fils !

— « Vois, lui disait-il, comme ils nous aiment! comme Charles, l'aîné, est grand et fort ! comme il s'empresse à m'aider dans mes travaux de la journée! et John, comme il est doux, studieux !

— » Oui, reprenait Brigitte; mais moi je trouve que

10

John travaille trop, beaucoup trop; toujours penché sur ses livres, il paraît sans cesse absorbé dans de graves pensées. — Il est pâle, sérieux et trop réfléchi pour son âge.

— » Il est vrai, reprenait le fermier, que j'aimerais mieux le voir robuste et hardi, gai et pétulant comme son frère; je voudrais qu'il prît un peu plus d'exercice, que, comme Charles, il courût à travers champs, s'amusât un peu plus. Mais enfin, vois-tu, il faut le laisser faire; il travaille à s'instruire. Je bénis Dieu, qui m'a donné deux enfants qui, quoique de caractères si différents, s'aiment et nous chérissent également. »

Brigitte (le cœur d'une mère est si prompt à s'alarmer) prenait plus difficilement son parti de la trop grande assiduité de son fils à l'étude; elle craignait, l'excellente femme, que son John ne tombât malade par excès de travail. Et puis, à vrai dire, si ce n'est pour devenir pasteur ou maître d'école, Brigitte ne comprenait pas bien la nécessité de l'instruction. Mais ces braves gens étaient bons, et il suffisait que l'étude fût du goût de leur fils pour lui donner tous les moyens d'étudier.

John Landen, dans le désir de s'instruire, passait nuit et jour le front baissé sur des livres de sciences. — Rien ne pouvait l'arracher à cette occupation chérie; il sentait en lui quelque chose qui lui disait que lui un jour pourrait aussi agrandir le cercle des connaissances humaines; mais il savait que pour y parvenir il fallait s'initier à ces sublimes découvertes par la lecture et par de profondes méditations.

Jamais on ne le voyait partager les jeux bruyants de son frère; souvent il se retirait dans un lieu isolé, emportant avec lui ses livres, et plusieurs heures s'écoulaient ainsi sans qu'il songeât à les quitter. Ce goût devint une passion qui lui fit négliger tout le reste; et même ses parents se prirent quelquefois à l'accuser tout bas d'indifférence; mais cette indifférence n'était pas dans son cœur.

Laissons cette famille fortunée jouir de son bonheur, et transportons-nous à deux ans plus tard.

Nous sommes encore dans la chaumière de Georges Landen; mais, grand Dieu! quel changement s'y est opéré! — On n'y remarque plus cet air d'aisance et de prospérité! — Plus de lit, qu'un misérable grabat; partout la misère! Et Georges Landen, ce bon vieillard, sur la figure duquel était peinte naguère la sérénité, comme ses joues sont creusées, son front pâle et sillonné de rides profondes! Et la bonne Brigitte, comme elle pleure! — Mon Dieu, quel tableau! Hélas! c'est donc bien vrai, le bonheur s'est enfui de cette chaumière. — Georges, ce riche fermier, Georges Landen est ruiné. — Et comment ce désastre a-t-il fondu sur lui?

D'abord, la grêle a détruit toutes ses moissons, l'ouragan a déraciné ses arbres, la mortalité a décimé ses bestiaux, toute la récolte a été perdue.

Puis un ami (cela fait mal à dire), l'ami que Georges chérissait le plus, a, par sa mauvaise foi, achevé sa ruine. Cet ami, qui s'était fait cautionner par lui pour une somme considérable, avait quitté le pays avant l'échéance du paiement, et laissé peser toute la responsabilité sur Georges Landen, qui, accablé par ce coup affreux, perdit complètement son énergie. Le vieillard ne trouvait de consolation que dans les caresses de ses enfants et les soins empressés de sa femme, qui, tout aussi consternée que lui, savait toutefois, avec cet admirable instinct d'épouse, adoucir l'amertume de ses chagrins. Mais, hélas! Georges n'était pas au bout de ses douleurs : l'époque fatale où il doit acquitter l'obligation qu'il a souscrite arrive, et son impitoyable créancier lui a déclaré que, faute de paiement, il le fera traîner en prison ! c'est là ce qui le désespère, c'est cette idée qui le tue... O mon Dieu ! épargnez cette infamie à ses cheveux blancs !

Oh ! comme Charles, si gai, si pétulant naguère, est devenu triste et sombre ! comme il se désole et se tourmente ! il donnerait de bon cœur sa vie pour écarter de son père le coup qui va le frapper.

Brigitte elle-même a perdu tout son courage ; affaissée sous le poids de la douleur, elle ne trouve de consolation que dans la prière, cette première et dernière raison des infortunés ; puis elle pleure, en cela plus heureuse que Georges, dont les yeux secs et brûlants ne peuvent verser une larme.

Pour John, lui, on dirait qu'il ressent moins vivement cette immense calamité. Seulement son front est devenu plus pâle encore, ses traits sont amaigris, son ardeur pour l'étude semble encore avoir redoublé ; et lorsque le soir, après être resté enfermé toute la journée dans sa chambre, occupé à écrire sans cesse et à tracer des figures étranges, il descend et va s'asseoir au coin du foyer, on le voit, à l'aspect du tableau déchirant de la douleur de son père, tressaillir ; son regard s'allume et brille d'un éclat inaccoutumé. Mais, comme Charles, il ne se suspend point au cou du bon Georges Landen, il ne l'entoure pas de ses caresses, ne le couvre pas de ses baisers : le jeune homme paraît possédé d'une idée fixe qui ne lui permet pas de se livrer à ces épanchements ; aussi son malheureux père l'accuse-t-il quelquefois tout bas d'indifférence.

Un soir, John descendit de meilleure heure ; son teint

était plus animé que d'ordinaire ; il fut aussi plus expansif, et joignit sa voix à celle de Charles pour supplier son père de ne point se laisser abattre par le désespoir ; puis, avant de remonter à sa chambre, il se jeta dans les bras du fermier, en murmurant quelques paroles d'espérance.

Le lendemain, quand Charles se réveilla, il ne vit point son frère ; surpris, il se lève et demande s'il est déjà sorti. — Personne ne l'a vu. — Seulement, au point du jour, Brigitte a trouvé, à sa grande surprise, les verroux tirés et la porte à peine fermée.

La journée se passe et John ne reparaît pas. Le soir est arrivé, et son absence se prolonge encore ! — En vain on le chercha partout ; la nuit s'acheva en recherches infructueuses. Aux premiers rayons du soleil, la malheureuse famille était rassemblée et pleurait dans le silence de la douleur, quand on frappa un léger coup et une voix appela. « Mon fils ! » s'écria Brigitte à cette voix si connue. Son cœur ne l'avait pas trompée ; c'était John. Elle le pressait dans ses bras en le couvrant de baisers, tandis que Georges le regardait fixement, comme pour s'assurer que ce n'était point une illusion, que c'était bien John, son fils, son enfant bien aimé.

John supplia ses parents de ne point exiger qu'il leur expliquât les motifs de son absence. « C'est un secret, leur dit-il, que vous saurez bientôt ; prions Dieu seulement qu'il me soit en aide, et j'espère que nous serons sauvés. »

C'était le lendemain qu'arrivait l'échéance de l'obligation souscrite par Georges Landen, et aucun changement ne s'était opéré dans la situation du fermier. L'infortuné voit devant lui la prison, et son courage ne peut résister à cette affreuse image. Tout-à-coup on entend un bruit de pas de chevaux retentir dans la vallée. — Ils tressaillirent, et une horrible anxiété se peignit sur tous leurs traits. Ils prêtent l'oreille, et s'imaginent parfois que c'est le vent qui agite les rameaux des arbres; mais le bruit redouble, il approche... plus de doute, on vient saisir Georges!... Le vieillard tombe anéanti. Charles s'élance aussitôt vers la porte et la barricade, en s'écriant que pour arriver à son père il faudra lui passer sur le corps. Alors quelqu'un demanda du dehors si c'est là que demeure Georges Landen.

—« Oui, répond Charles, oui; mais on n'entre pas. Nous connaissons vos projets : non, vous n'emmènerez pas mon père.

— » Je ne viens pas pour cela, répondit doucement la même personne. Veuillez seulement me dire si son fils, John Landen, est ici. »

A ces mots, John, qui, depuis quelques instants est en proie à une agitation extraordinaire, se lève brusquement et se précipite vers la porte, l'ouvre aussitôt, et, l'œil étincelant, il fixe celui qui entre, puis tout-à-coup il se trouble et chancelle, en s'écriant : *Le comte Fitz-William.*

C'était en effet le comte Fitz-William, un des personnages les plus importants de l'Angleterre, un savant, un lord, qui venait de faire une longue route, et qui visitait, dans un grand appareil, avec une suite nombreuse, ce pauvre enfant. Le comte ignorait la véritable situation de cette famille si intéressante et si malheureuse. Il fut stupéfait à la vue de cette misérable habitation; mais, revenu de sa première surprise, il s'avança vers John, et, lui serrant affectueusement la main, il lui dit :

— « Oui, c'est moi, mon jeune ami, qui ai voulu vous annoncer moi-même la décision de la Société royale, à qui j'ai remis le mémoire que vous m'aviez confié. Rassurez-vous.

— » Monsieur Landen, continue-t-il en s'adressant au père, recevez mes félicitations ; car votre fils, tout jeune qu'il est, est un des plus grands mathématiciens de l'Angleterre ; et la Société royale, ayant reconnu dans le mémoire qui lui a été soumis des découvertes qui peuvent être utiles à notre marine, a décerné à son auteur un prix de deux cents livres sterling qu'elle m'a chargé de lui offrir. Les voici. »

En même temps le comte tire une bourse pleine d'or et la remet entre les mains du vieillard, qui, immobile d'étonnement, ivre de bonheur, tient embrassé son fils éperdu. Le comte Fitz-William, attendri, et apprenant de quelle affreuse position John avait retiré son père, se chargea de l'avenir du jeune homme. Il répara par ses bienfaits les pertes qu'avait éprouvées le fermier, et le bonheur qui s'était éloigné de la chaumière de Georges y rentra pour ne la plus quitter, grâce aux travaux et à la piété filiale de John Landen.

John Landen avait quinze à seize ans au plus; depuis qu'on lui avait enseigné les premiers éléments des mathématiques, il s'en était presque exclusivement occupé, et seul, sans le secours d'aucun maître, il était parvenu à ces découvertes précieuses que la Société royale récompensait aujourd'hui si magnifiquement.

Plus tard, le comte Fitz-William le chargea de la direction de ses affaires. Il ne quitta cet emploi que deux ans avant sa mort, qui arriva en 1790, laissant après lui la réputation d'un des plus célèbres mathématiciens qu'ait produits l'Angleterre, et après avoir vécu dans l'intimité de toutes les illustrations britanniques de cette époque, entre autres du fameux Herschell, qui fut son collègue à la Société royale de Londres.

Gemole Inv.

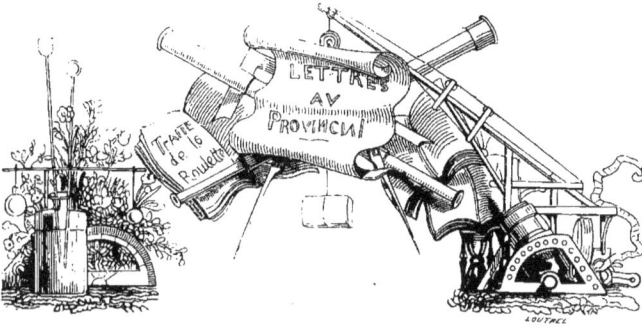

## JEUNESSE DE PASCAL.

Pascal mourut véritablement dans sa trente-neuvième année, et cependant, si l'on considère sa vie seulement sous le rapport de la science, on peut dire qu'il ne vécut que vingt-trois ans. A cet âge, l'extrême sévérité de ses principes lui persuada que la gloire dont ses merveilleux travaux l'entouraient était incompatible avec les rigoureuses exigences de l'humilité chrétienne. Il renonça à toutes les sciences profanes, à tous les intérêts terrestres, pour s'adonner à l'étude des livres saints, aux plus austères pratiques de la religion. Il fut donc non seulement l'un des plus beaux génies qui aient brillé sur la France, mais encore le seul dont la puissance se manifesta dans un âge aussi tendre. Quelle vie que celle de ce jeune

BIBLIOTHEQUE ROYALE

homme de vingt-trois ans! géomètre, il est à côté d'Archimède et de Descartes; physicien, il balance la gloire de Newton; écrivain, Voltaire le place au-dessus de Molière et de Bossuet. Enfant, il surpasse ou il égale les plus beaux génies vieillis dans la pratique des sciences et des lettres.

On verra que son enfance offre un spectacle unique et tout exceptionnel; l'activité de son esprit était telle, qu'on peut dire de lui qu'il n'apprenait pas les sciences, mais qu'il les inventait. Tout le monde sait par quelle rencontre extraordinaire on découvrit, lorsqu'il n'avait pas encore douze ans, son génie pour la géométrie.

Le père de Pascal était un homme fort instruit; il réunissait souvent chez lui d'habiles mathématiciens; mais il ne permettait point à son fils d'assister à leurs entretiens, et il avait pris la précaution de retirer de sa bibliothèque tous les ouvrages qui pouvaient lui donner quelque idée des mathématiques. Il ne voulait pas qu'il pût se détourner de l'étude des langues. Cependant le mot de *mathématiques* a frappé l'oreille du jeune Pascal, il prie son père de les lui apprendre: celui-ci s'en défend, promettant de le faire comme récompense, lorsqu'il saura le latin et le grec. La curiosité de l'enfant n'en est que plus excitée; chaque jour il demande, il prie avec tant d'instances, qu'on lui dise au moins ce que c'est que cette science et de quoi on y traite, que son père lui dit enfin que c'était le moyen de faire des figures justes et de trouver les proportions qu'elles avaient entre elles. Mais après cette définition, il lui défendit d'en parler davantage et même d'y penser. Cela suffit à Pascal. Il se mit à rêver sur cette simple donnée, et à ses heures de récréation, seul dans une salle où il avait accoutumé de

se divertir, il prend du charbon, se met à faire des figures
sur le carreau; il se crée des définitions, des axiomes, enfin des démonstrations parfaites; et comme l'on va de
l'un à l'autre dans l'étude de cette science, il arrive ainsi
jusqu'à la trente-deuxième proposition d'Euclide. L'enfant
en était là, son père parut, et le trouva si fort appli-
qué, que notre jeune savant ne l'aperçut ni ne l'entendit
d'abord. On ne peut dire lequel fut le plus surpris, ou le
fils de voir son père, à cause de la défense expresse qu'il
lui avait faite, ou du père de trouver son fils au milieu
de telles occupations. Mais la surprise du père fut bien
plus grande lorsque, ayant demandé à son fils ce qu'il faisait,
celui-ci lui dit ce qu'il cherchait, et en vint à ses définitions,
à ses axiomes. Épouvanté de la grandeur et de la puissance d'un tel génie, M. Pascal sortit sans ajouter un
mot, et se rendit chez M. Le Pailleur, son intime ami et
savant fort distigué, auquel il raconta ce qui venait de se
passer. M. Le Pailleur, non moins surpris que le père l'a-
vait été, car on pouvait dire en quelque façon que Pascal
venait d'inventer les mathématiques, dit à son ami qu'il
ne trouvait pas juste de captiver plus long-temps l'esprit
de son fils et de lui cacher encore les mathématiques;
il l'engagea donc à lui laisser l'usage des livres qui en
traitaient. Dès que Pascal eut à sa disposition les éléments
d'Euclide et les autres ouvrages que son père avait tenus
jusque là éloignés de ses regards, il les lut à ses heures
de récréation et les entendit tout seul sans avoir jamais
eu besoin d'aucune explication. Bientôt il assista aux con-
férences qui se faisaient toutes les semaines, et où les savants de Paris s'assemblaient pour montrer leurs ouvrages
et examiner ceux des autres. Il y tenait fort bien son rang,
tant pour l'examen que pour la production, et était un

de ceux qui y portaient le plus souvent des choses nouvelles; on y prenait son avis sur tout, avec autant de soin que de pas un des autres. Il avait des lumières si vives, que maintes fois il découvrit des fautes dont personne ne s'était aperçu. A l'âge de seize ans, il fit un traité des coniques qui passa pour un si grand effort d'esprit, qu'on disait que depuis Archimède on n'avait rien vu de cette force; sa modestie se refusa tout-à-fait à l'impression de cet ouvrage.

Étant plus jeune, quelqu'un ayant frappé à table un plat de faïence avec un couteau, il prit garde que ce plat rendit un grand son, mais qu'aussitôt qu'on eut mis la main dessus, le son s'arrêta. Il voulut en savoir la cause, et cette expérience le porta à en faire beaucoup d'autres sur les sons. Et voilà qu'une circonstance ordinaire, à laquelle tout autre enfant n'aurait pris aucune attention, fournit à ce jeune physicien de onze ans la matière d'un traité sur les sons qui ferait honneur à un vieux professeur.

Pascal naquit à Clermont le 19 juin 1623; son père, Étienne Pascal, était président en la cour des aides. A peine le jeune Pascal commença-t-il à parler, qu'il donna des marques d'un esprit extraordinaire, tant par les petites reparties qu'il faisait fort à propos que par ses questions, pleines de sens, qui surprenaient tout le monde.

Son père, qui avait reconnu en lui des dispositions extraordinaires, se résolut à l'instruire lui-même; et pour n'être pas détourné de l'éducation de son fils par les devoirs de sa charge, il donna sa démission et vint habiter Paris. Le jeune Pascal avait alors huit ans.

Ce ne fut qu'à l'âge de douze ans que son père commença à l'initier à la connaissance des lettres latines, afin qu'il y eût plus de facilités; mais il ne l'avait point

laissé inoccupé pendant cet intervalle, car il l'entretenait
de toutes les choses dont il le voyait capable. Pascal prenait un grand plaisir à ces entretiens; mais il voulait toujours savoir les raisons de toutes choses, et quand on ne
les lui disait pas ou qu'on lui disait celles qu'on allègue
d'ordinaire qui ne sont proprement que des défaites, il
ne s'en contentait pas; car il eut toujours une netteté
d'esprit admirable pour discerner le faux. Quand on
ne lui donnait pas de bonnes raisons, il en cherchait
lui-même, et lorsqu'il s'attachait à une chose, il ne la
quittait point qu'il n'en eût trouvé quelqu'une qui le pût
satisfaire.

Nous avons vu déjà jusqu'où l'avait mené cette ardeur
de savoir et son étonnante intelligence. A seize ans il avait
déjà fait faire à la science des pas immenses; il avait déjà
fait des traités pleins de savoir sur les sons et les coniques, et il avait presque inventé les mathématiques. Il
avait, outre cela, une connaissance approfondie de la lo-
gique, de la philosophie et des langues. Son éducation
était terminée, et M. Pascal, ne pouvant plus désormais
rien apprendre à son fils, rentra dans la vie publique et
fut nommé à l'intendance de Rouen. Là il confie à son fils
les opérations de calcul que nécessitent ses nouvelles fonctions. Mais ce travail mécanique devait, on le conçoit,
devenir bientôt fastidieux et pénible pour le génie actif
de Pascal. C'est alors qu'il invente cette étonnante *machine arithmétique,* cet automate calculateur qui fait seul les
opérations les plus compliquées. Mais les efforts incroyables
d'intelligence, les travaux continuels qu'il s'impose pour
arriver à ce résultat miraculeux, ruinent sa santé; il tombe
martyr de la science, et le voilà à dix-neuf ans malade,
épuisé par les fatigues, les veillées, et voué aux plus

cruelles douleurs pour le reste d'une aussi belle vie.

On exalte avec raison le courage du guerrier qui, sur le champ de bataille, se jette à travers tous les dangers, brave la mort pour sa patrie; mais combien est plus admirable encore le courage du savant qui combat solitairement et qui va sourdement à la conquête de la science! Il n'a pas, pour soutenir sa vaillance, le bruit du canon et le cliquetis des armes qui l'animent au combat, la présence de ses compagnons et de ses chefs qui l'applaudissent et le récompensent; il triomphe et tombe obscurément. L'espérance seule, espérance, hélas! souvent déçue, le soutient et l'encourage. Ainsi Pascal ne parvint à terminer à sa satisfaction sa machine arithmétique qu'après avoir fait faire plus de cinquante modèles en bois, en cuivre, en ivoire. Qu'on songe combien de déboires, combien de déceptions cruelles il a dû éprouver, combien il lui fallut de courageuse résignation, de patience intrépide, pour arriver au succès qui lui coûta la vie!

Il ne faut pas croire cependant que ses souffrances vont arrêter son zèle, qu'elles vont éteindre cette soif de science qui le dévore. Pascal devait être extraordinaire en tout; la maladie, qui abat les autres hommes, semble donner de nouvelles forces à son génie. Galilée, Toriçelli, les deux plus grands physiciens de ce temps-là, travaillent en Italie à déterminer la pesanteur de l'air; mais tous deux meurent à la peine sans avoir trouvé la solution du problème. Pascal, qui n'avait pas encore vingt ans, reprend l'expérience où les Italiens l'ont laissée, et bientôt il trouve la solution de cette importante question. Le baromètre devient un instrument nécessaire dans toutes les parties de la physique et de la chimie, et il indique son emploi pour mesurer la hauteur des lieux les

plus élevés au-dessus de la surface du globe. Pascal fit
ses expériences d'abord dans le Puy-de-Dôme, sur une
montagne fort élevée, et ensuite à Paris, sur la tour Saint-
Jacques-la-Boucherie.

Delille a consacré dans de fort beaux vers cette importante découverte. A la vue de cette montagne où Pascal
fit ses expériences, il s'écrie :

> Je me disais: Ici, Pascal, dans son audace,
> Des colonnes de l'air osa peser la masse.
> Mais, hélas! de cet air ignoré si long-temps
> L'illustre infortuné jouira peu d'instants;
> La mort l'enlève au monde au printemps de son âge.
> Cependant l'Éternel veut qu'en son noble ouvrage

Il adore sa main; ô regrets superflus!
Il vient, jette un coup d'œil, voit, admire, et n'est plus.
Mais toi, mont renommé, mont rempli de sa gloire,
Atteste ses travaux et garde sa mémoire.

. . . . . . . . . . . . . . . . . . . . . . .

Toi, la gloire et l'amour de mon pays natal,
O mont majestueux! sois le mont de Pascal;
Qu'on y grave son nom, et ce tube fidèle
Par qui le poids de l'air au monde se revèle,
Et que chaque printemps, mêlés à ces pasteurs,
Les enfants d'Uranie y répandent des pleurs.

Pascal fit encore, avant d'arriver à l'âge de vingt-trois ans, où commença la seconde période de sa vie, grand nombre d'inventions utiles. Plus tard, il publia ses admirables *Lettres provinciales*, que Bossuet regarde comme le livre le mieux écrit de la langue française; enfin ces *Pensées* si profondes, qui ne sont que les jalons d'un immense ouvrage qu'il projetait sur la religion. Mais ces œuvres de son âge mûr ne sont plus de notre domaine.

## RAISIN ET BABET.

Jean-Baptiste Raisin, le père
de cette famille que nous allons voir tout-à-l'heure, tenait
les orgues à la cathédrale de
Troyes en Champagne. Il était
bon musicien, actif, intelligent;
mais la province offre si peu de
ressources aux artistes, que,
malgré son talent et ses travaux,
le pauvre homme avait grand'
peine à élever sa nombreuse famille. Tout pauvre qu'il était,
il rêvait cependant, il espérait la fortune, et il s'ingéniait
mille moyens de fixer auprès de lui cette inconstante.
N'ayant pas dans la ville de Troyes un assez grand
nombre d'élèves qui voulussent le payer convenablement
des leçons de musique qu'il aurait pu leur donner, il se
mit, faute de mieux, disait-il, à enseigner son art à quatre
de ses enfants, auxquels il avait reconnu des dispositions
heureuses. Les pauvres enfants savaient à peine re-
muer leurs petits doigts, que déjà il leur montrait à parcourir les touches du clavecin, si bel et si bien, qu'en
assez peu de temps le père Raisin eut une petite compa-

12

gnie de quatre musiciens d'une force qui eût été remarquable chez des hommes, mais qui était étonnante et merveilleuse chez des enfants. Et quel âge avaient-ils, s'il vous
plaît? L'aîné huit ans au plus, le cadet sept, et le plus
jeune, qui s'appelait Jean-Baptiste comme son père, n'a-
vait que quatre ans, quatre ans à peine. Je n'ai encore
rien dit de Babet, leur sœur, plus âgée de deux ans seulement que le petit Jean-Baptiste. Nous parlerons peu des
deux aînés : le talent était venu à ces enfants en raison in-
verse de l'âge : les plus jeunes étaient les meilleurs musiciens, et, en même temps, les plus aimables et les plus
gracieux. Ils s'aimaient tendrement, comme on se doit aimer entre frère et sœur, avec un dévouement absolu,
sacrifiant l'un à l'autre leurs goûts, leurs fantaisies, celui-
là n'ayant pas d'autre volonté, d'autre plaisir, que la volonté et le plaisir de celle-ci.

Le père Raisin comprit bientôt que l'instrument de sa
fortune, s'il devait faire fortune, serait le petit Jean-Baptiste : je dis le petit, non seulement parce qu'il n'avait que
quatre ans, mais parce qu'il était tout mignon, tout fluet,
et excessivement petit pour son âge. L'organiste troyen
imagina une épinette d'une structure toute nouvelle. Elle
différait surtout des autres en ce que sa capacité intérieure
était un peu plus grande. Muni de son épinette et suivi
de sa petite famille, l'artiste dit adieu à son orgue, à sa
vieille cathédrale de Troyes, et il s'en vint à Paris, cette
vaste arène où se rend tout provincial pauvre, mais courageux, dans la vue d'y conquérir la gloire et la fortune.
Alors il y avait à Paris, chaque année, deux foires célèbres, la foire Saint-Laurent et la foire Saint-Germain. On
ne sait pas bien leur origine; ce qui est certain, c'est que
l'une se tenait en été et l'autre en hiver; c'est qu'elles fu-

rent instituées pour la vente de toutes sortes de marchan-
dises et que le commerce y jouissait de certaines franchises
particulières. Mais dans la suite, vers l'an 1600, des ba-
teleurs s'y vinrent installer, pour montrer aux Parisiens
des curiosités, des monstruosités de toute sorte, enfin pour
y donner des spectacles. Le père Raisin vint donc à Paris
à cette époque de la foire Saint-Germain, loua une loge, y
installa un petit théâtre sur lequel il parut, lui et sa famille. Il annonçait que les personnes qui lui feraient l'honneur de se rendre à son spectacle y entendraient un clavecin merveilleux qui jouait seul les airs qu'il conviendrait
à la société de commander. Il prétendait n'avoir besoin que
de prononcer à l'instrument certaines paroles.

Dans la première journée, une affluence considérable se
rendit à ce spectacle tout nouveau. Voici comment les choses s'y passaient. Trois clavecins étaient disposés sur le
théâtre : l'un était tenu par Raisin le père, l'autre par Babet et son frère aîné, et le troisième par personne. D'abord
le père et les enfants jouaient un concerto, puis ils levaient

les bras en l'air, et le troisième clavecin, auprès duquel on ne voyait âme qui vive, se mettait à répéter le concerto précédemment joué, mais avec des variations délicieuses ; puis on priait une ou plusieurs personnes de la société de commander à son gré au clavecin : celui-ci jouait, selon les ordres qu'il recevait, rapidement ou lentement, des airs gais ou tristes, des chants de victoire ou des lamentations ; enfin, il s'arrêtait à la parole. Tous ceux qui venaient à ce spectacle s'en retournaient émerveillés, ne comprenant rien à un semblable instrument, qui possédait l'intelligence d'un être animé et le talent d'un musicien habile. Chaque jour, le petit théâtre du père Raisin était encombré par la foule ; ce fut d'abord le peuple, puis la cour ; enfin le jeune roi Louis XIV voulut voir aussi cette merveille, et la famille Raisin fut mandée au château royal de Saint-Germain, où se tenait alors la cour.

Raisin avait, depuis un mois qu'il était débarqué à Paris, gagné beaucoup d'argent, beaucoup de gloire ; il allait mettre le comble à sa réputation. Le grand jour était arrivé ; il se rendit donc aux ordres du roi. Il y avait comédie ce soir-là au château, la cour toute entière, cette resplendissante cour de Louis XIV, était présente.

Le père Raisin, sa famille, son épinette merveilleuse, jouèrent, selon la coutume, leurs rôles respectifs à la satisfaction générale ; l'épinette surtout jetait tout le monde dans l'admiration ; chacun disait son mot pour expliquer cet inexplicable mécanisme. Quelqu'un parla de sorcellerie ; il n'en fallut pas davantage pour effrayer la reine-mère, Anne d'Autriche. C'était encore un peu le temps où l'on croyait aux sorciers. La reine fait approcher le père Raisin, lui demande son secret ; celui-ci hésite, refuse, disant que c'était son gagne-pain. Ses refus excitent de plus en plus la crainte curieuse de la reine; elle tremble, pâlit. Le jeune roi Louis XIV s'approche alors et met fin à ce débat en ordonnant l'ouverture de l'épinette. Raisin supplie, demande grâce; il dit n'avoir pas la clef. Louis XIV était peu habitué à trouver de l'opposition à ses volontés; il ordonne qu'on enfonce à l'instant la machine. Le pauvre Raisin, poussé dans ses derniers retranchements, tremblant, effrayé, se hâte de l'ouvrir.

Quel fut alors l'étonnement de la cour en voyant sortir de cet instrument le pauvre petit Jean-Baptiste Raisin, tout éperdu, à moitié mort de peur et presque étouffé! On s'empresse auprès de cette intéressante créature; la reine elle-même le prend sur ses genoux; on lui fait respirer des sels, on le rassure, on le caresse à l'envi. Parfaitement revenu à lui, le jeune artiste se met à un clavecin ordinaire et visible à tous, il recommence à jouer les airs charmants qu'il avait déjà exécutés du fond de sa prison harmonieuse; son succès fut complet, tous les courtisans lui firent leur cadeau, et il s'en retourna chargé d'or, comblé de caresses et de félicitations.

On conçoit aisément que si le père Raisin avait vu prospérer son établissement avant son admission à la cour, son succès dut être plus grand lorsqu'il put annoncer son triomphe obtenu devant le roi, à cette époque surtout où la France entière voyait, pour ainsi dire, par les yeux de Louis XIV. De retour à sa loge de la foire Saint-Germain, chaque jour il voyait sa salle comble, sa caisse pleine. La foire finie, la famille Raisin était bien assez riche pour prendre du repos. Paris est une ville où le succès enrichit du jour au lendemain; mais il est rare de voir des heureux renoncer à la fortune quand elle leur a souri une fois. On a beaucoup obtenu, on veut obtenir davantage : ainsi fit le père Raisin pour son malheur et pour celui de son intéressante famille, voyant avec quelle facilité ses enfants apprenaient tout ce qu'on leur enseignait. Il conçut la folle idée de créer une troupe de petits comédiens; les principaux rôles étaient remplis par ses jeunes enfants. Il fit donc composer une pièce, ou plutôt une *farce,* dans laquelle le petit Raisin jouait le principal rôle avec une grâce, un entrain, qui lui attiraient chaque jour de nouveaux applaudissements.

La pièce avait pour titre *l'Andouille de Troyes*. Or, voici à peu près sur quelle fable elle était bâtie : Jean-Baptiste Raisin était mince, fluet et petit; on le recouvrait tout entier d'un taffetas gris, on le ficelait comme une andouille véritable, et on le servait au milieu d'une table bien garnie d'autres plats. D'abord les acteurs mangeaient des autres mets, ensuite ils attaquaient l'andouille,

en coupaient plusieurs tranches ; puis un d'entre eux, plus
gourmand que les autres, proposait de couper l'andouille
en deux et d'en manger la moitié à lui seul ; le pari ac-
cepté, on procédait avec un grand coutelas à l'autopsie
de cette immense pièce ; mais alors l'andouille poussait
un cri perçant, sautait en l'air, se roulait sur la table,
renversait les plats, les bouteilles ; enfin elle déchirait son
enveloppe, comme fait le papillon au printemps. Mais au
lieu d'un bel insecte déployant au soleil ses ailes dorées,
on voyait apparaître un vilain petit cochon de lait, qui
mangeait comme un goulu le dessert préparé pour les
convives, qui les mordait ensuite aux jambes. Les acteurs
de se sauver, de courir, de crier ; mais un, plus courageux que les autres, se retourne, reproche à ses camarades leur poltronnerie, et propose de mettre à la broche
l'animal révolté. Aussitôt dit, aussitôt fait : le vaillant con-
vive prend une broche, se met à la poursuite du petit
cochon ; il va pour le percer d'outre en outre ; mais une
nouvelle métamorphose s'opère alors : l'animal disparaît
pour faire place à un petit diable noir, laid, hérissé, furieux, qui saisit la broche pointue, destinée à transpercer
son prédécesseur ; et en poursuit les agresseurs, qui se sau-
vent en poussant des cris et finissent par implorer leur
pardon.

Un jour, l'acteur chargé de guerroyer avec le petit cochon
de lait prend par mégarde une broche dont la pointe était
très-fine, et se défendant contre le petit animal, il le pique ;
celui-ci s'irrite et fond sur lui ; une lutte s'engage, mais
une lutte inégale. La peur trouble sans doute la raison de
l'agresseur ; il frappe de sa broche à tort et à travers, et
le pauvre petit Raisin tombe percé de plusieurs coups et
mortellement blessé par son adversaire. Les secours les

plus prompts ne purent le sauver; il mourut quelques jours après cette fatale aventure.

Le jeune Raisin n'avait pas plus de six ans. Il répéta à plusieurs reprises pendant son agonie : « Mon Dieu, mon Dieu, que va devenir *Babet?* » C'est que Raisin et Babet, le frère et la sœur, étaient unis de la plus étroite amitié; c'est qu'ils s'aimaient bien sincèrement et bien tendrement; ils ne se quittaient jamais, partageaient leurs joies, leurs plaisirs, leurs peines, leurs succès; ce que sentait Babet, Raisin le ressentait aussi. Quel ne fut pas le désespoir de Babet à la vue de son frère mourant! Combien elle aurait voulu, la pauvre enfant, pouvoir suivre au tombeau ce frère adoré, et combien elle eût été heureuse en effet d'y descendre avec lui! mais Dieu ne le voulut pas. Babet survécut à Raisin; mais ce ne fut plus cette jeune enfant charmante, pleine de gaieté, d'esprit et de talent. Sa raison, ébranlée par cette secousse terrible, fut si troublée, qu'elle ne se rétablit jamais plus. Babet devint folle; elle courait çà et là, demandant à tout venant si on ne pouvait lui indiquer où était Raisin. Souvent elle le voyait, lui parlait, l'embrassait; mais, s'apercevant bientôt de son erreur, elle jetait des cris lamentables, versait des pleurs et poussait de longs gémissements. Le père de ces deux pauvres enfants reconnut, mais trop tard, combien avait été coupable son insatiable avidité, qui lui avait fait préférer au bonheur tranquille et honnête une industrie peu digne, mais lucrative.

## JEUNESSE DE VALENTIN JAMERAY DUVAL.

On a souvent écrit l'intrépide et laborieuse jeunesse de Valentin Jameray Duval. C'est en effet une des plus belles, des plus encourageantes qu'on puisse mettre sous les yeux des enfants. On ne peut se dispenser d'en tracer ici le tableau, qui n'aura besoin que d'être vrai pour être touchant et instructif.

Valentin Jameray Duval naquit à Arthenay, petit village de Champagne. Son père était un pauvre ouvrier de campagne; vous savez, de ces bonnes gens qui gagnent à

grand'peine, pour chaque jour d'un rude travail, un peu
plus, un peu moins de vingt sous, selon le pays, et qui,
avec ce mince salaire, nourrissent une femme, élèvent
trois ou quatre marmots, sont encore joyeux et contents
si l'année est bonne, et vont danser aux chansons le dimanche. Mais leur bonheur est comme une frêle barque
sans voiles, sans rames, sans gouvernail sur le sein des
flots. La moindre brise contraire le chavire et l'anéantit.
Ces pauvres gens vivent au jour le jour; viennent seulement la maladie interrompre leur travail, les pluies et les
ouragans détruire une partie des moissons, aussitôt la di-
sette se vient mêler à leurs autres maux et achever leur
ruine. Le père Duval tomba un jour malade, et toute sa
famille, dont il était le soutien, ne vécut plus que de privations et bientôt que d'aumônes. La misère, cette horrible
vermine, se mit à les ronger jusqu'aux os. Ce fut d'abord
les ustensiles de ménage qu'on vendit, ensuite les moins
indispensables vêtements pour avoir du pain. Il ne restait
plus rien dans la chaumière, quand la maladie, cruellement aidée par la plus affreuse de toutes les douleurs,
celle de voir périr de faim ses malheureux enfants, mit
au tombeau ce père infortuné. Ses derniers regards con-
templaient avec cet indicible égarement du désespoir
quatre enfants, dont le plus vieux avait à peine dix ans, et
qui n'avaient pas mangé depuis plus de douze heures,
une pauvre femme, malade de douleur et d'inanition, qui
avait été la fidèle et pieuse compagne des petites joies et
des grands malheurs de toute sa vie.

Les villageois vinrent enterrer leur ancien compagnon.
Après avoir rempli ce funèbre devoir, les moins misérables, émus de compassion à la vue de cette famille éplorée, lui envoyèrent quelques secours. Elle vécut ainsi pen-

dant plusieurs jours, dans les larmes et en face d'un avenir bien lugubre.

La première angoisse de la douleur apaisée, le jeune
Valentin comprit que l'avenir de ses frères dépendait
désormais de lui. Il y avait au village d'Arthenay un seul
fermier : Valentin s'en va droit chez lui, et lui demande en
grâce de lui donner du travail. Maclou, c'était le nom de
ce bon fermier, prend le jeune gars pour garder ses dindons. On lui promet la nourriture pour lui et quelques
soulagements pour sa pauvre mère, s'il est sage et soi-
gneux. Le lendemain, le jeune Duval se met en exercice
de ses fonctions. Le voilà, partant le matin, nu-pieds, une
briche de pain noir dans son petit sac de toile grise, une
grande gaule à la main, chassant devant lui les dindons de
son maître, errant toute la journée à travers les champs
déserts. La solitude tue les âmes vulgaires, mais elle for-
tifie les âmes fortes. Elle con-
venait à la douleur immense de
Valentin, elle convenait surtout à l'activité de son esprit.
Cet enfant était curieux, comme
sont beaucoup d'enfants, mais
curieux, intelligent et profond ;
il cherchait lui-même la cause
de tous les phénomènes qui le
frappaient. Il passait les journées entières en observations
et réflexions profondes. Mais le
troupeau d'indociles oiseaux confié à ses soins n'en allait
pas mieux pour cela. Il faut croire que les savants sont
peu propres à la garde des dindons. Tantôt c'était un de
ces animaux qui s'égarait et qu'on ne retrouvait qu'après

de longues recherches, ou bien c'était un chien qui se jetait sur la troupe et en estropiait plusieurs avant qu'on pût venir à leur secours. A part ces distractions, le jeune Duval était irréprochable, doux, bon, serviable, alerte; il se faisait aimer des autres domestiques et de son maître; mais il ne pouvait se vaincre sur ce point, quelque désir qu'il en eût. Il y a ainsi des natures si invinciblement attirées vers un art ou une science, qu'il leur est impossible, quoi qu'on fasse, de les diriger vers un autre but.

Valentin Jameray Duval était chez le fermier Maclou depuis plus de six mois, quand, entraîné par cette fatale manie d'expérience qui le possédait, il voulut absolument se rendre compte du phénomène qu'il avait observé, à savoir que ses dindons entraient dans d'extrêmes fureurs à la vue des objets de couleur rouge. Pour pouvoir examiner à son aise, notre jeune dindonnier se procura un morceau de drap écarlate, en entoura le col d'un de ses oiseaux. L'animal s'étonne tout d'abord de son nouvel affublement; il veut s'en débarrasser, essaie de bec et d'ongles, s'irrite, se blesse, s'agite en tous sens, entre en fureur. Enfin, comme pour échapper à cet ennemi si fortement attaché après lui, il prend son vol, mais un vol impétueux, furibond; longtemps il s'agite dans les airs. Mais, hélas! épuisé de fatigues et d'émotions violentes, le dindon tombe. Valentin, qui le suivait d'un œil inquiet, court le prendre, et le trouve mort.

On se figure aisément le désespoir du pauvre enfant. Comment pourrait-il reparaître désormais devant son maître? Il était perdu. Mais comme il avait un caractère ferme et résolu, il prit son parti en brave et alla porter son mort à la ferme. A cette vue, Maclou entre dans une grande colère, accable de reproches le jeune dindonnier et le chasse.

« J'ai tort, répondait naïvement le pauvre enfant, j'ai grand tort, monsieur Maclou. Mais que vais-je devenir, si vous me chassez? que deviendra surtout ma pauvre mère, si vous ne lui donnez plus le peu de pain que je gagne pour elle?

— Penses-tu qu'on laissera mourir ta mère de faim, mauvais sujet, parce que tu ne seras plus là pour faire crever mes dindons? Allons, va-t'en, et au plus vite! va chercher fortune ailleurs! lui répondit le fermier irrité. »

Rassuré sur le sort de sa mère, le jeune Valentin Duval eut bientôt pris une résolution décisive. « Au fait, se dit-il, il y a d'autres villages qu'Arthenay, d'autres fermiers que Maclou, et d'autres dindons que les siens. Si je retourne à la cabane de ma mère, elle ne pourra me nourrir sans diminuer la part de mes frères, qui déjà n'ont pas assez à manger : allons au village voisin chercher de la besogne. »

Et le voilà cheminant.

On était au commencement de l'hiver de 1709. Cet hiver fut un des plus rigoureux dont on se souvienne; la misère était extrême dans les campagnes. Aussi Duval fut-il bien trompé dans ses espérances. Il rencontra d'autres villages, d'autres fermiers, d'autres dindons, mais nulle part on ne voulut accepter ses offres de service, et il avait beaucoup de peine à trouver quelque bribe de pain pour se soutenir, et quelque coin pour passer les nuits cruellement froides. Le froid et la faim eurent bientôt réduit aux dernières extrémités ce pauvre enfant abandonné. La maladie arriva bientôt ; alors commença pour lui une série de malheurs auxquels il est presque incroyable qu'il ait pu survivre. Le récit qu'il fait lui-même de ses maux est plus intéressant mille fois que tout ce que nous en pourrions dire. Voici comme il les raconte :

« Comme j'allais de Provins à Brie, je fus attaqué d'un si violent mal de tête, qu'il me semblait à chaque instant qu'elle allait s'ouvrir. Arrivé à la porte d'une ferme, je suppliai la personne qui vint à moi de me mettre au plus tôt dans quelque endroit propre à me réchauffer, et où je pusse me coucher pour supporter plus facilement la douleur intolérable qui m'accablait. Cette personne me conduisit sur-le-champ dans l'étable des brebis, où l'haleine de ces paisibles animaux ne tarda pas à dissiper l'engourdissement dont j'étais saisi ; mais à l'égard de la douleur qui me tourmentait, sa violence alla jusqu'au délire. Le lendemain au matin, le fermier étant venu pour savoir ce que je faisais, fut effrayé de me voir les yeux étincelants, enflammés, le visage bouffi, le corps rouge comme de l'écarlate et tout couvert de pustules ; il n'hésita pas à me déclarer que c'était la petite vérole, et qu'infailliblement elle allait causer ma perte, parce que, n'ayant pas lui-même de quoi subsister, il lui serait impossible de me soulager pendant une maladie de longue durée ; qu'outre que l'intempérie de la saison la rendait mortelle, il me voyait hors d'état d'être conduit à portée des secours qui m'étaient nécessaires. S'apercevant que je n'avais pas la force de répondre à ses complaintes, il fut touché de compassion, et, m'ayant quitté, il revint un moment après, muni d'un paquet de vieux linge, dont il m'enveloppa

comme une momie, après m'avoir dépouillé de mes habits. Comme le fumier des bergeries se divise par cou-
ches, le fermier se mit à en lever quelques-unes ; il rem-
plit la place qu'elles occupaient de menue paille d'avoine,
me fit coucher au milieu, parsema ma personne de cette
même paille en guise de duvet, et roula sur moi, en forme
de couverture, les divers lits de fumier qu'il avait levés ;
et après m'avoir entouré de cette sorte, il fit le signe de
la croix sur moi, et me recommanda à Dieu, bien persuadé que je n'échapperais pas à la mort. Je restai donc
comme un autre Job, non pas dessus, mais enseveli dans
le fumier jusqu'au cou. La chaleur de ce fumier et l'haleine du troupeau furent ce qui me sauva. Elles me pro-
curèrent des sueurs qui servirent de véhicule au poison
dont j'étais imprégné ; de sorte que l'éruption s'étant faite
en très-peu de temps, il se fixa à l'extérieur sans me causer d'autre accident qu'un assez bon nombre de ces éro-
sions que les beautés du siècle redoutent, avec justice,
comme le fatal écueil de leurs attraits.

» Pendant que j'étais comme inhumé dans l'infection et
la pourriture, l'hiver continuait à désoler les campagnes
par les plus horribles dévastations. Derrière la bergerie,
où je triomphais de ses rigueurs, il y avait plusieurs
touffes de noyers et de chênes fort élevés ; je passai peu
de nuits sans être éveillé par des bruits subits et impétueux, pareils à ceux du tonnerre ou de l'artillerie ; et
quand au matin je m'informais de la cause d'un tel fracas,
on m'apprenait que l'âpreté de la gelée avait été si forte,
que des pierres d'une grosseur énorme en avaient été bri-
sées en pièces, et que plusieurs chênes, noyers ou autres
arbres, s'étaient éclatés et fendus jusqu'aux racines.

» J'ai dit ci-dessus que le charitable fermier m'avait assuré que son indigence ne lui permettait pas de m'assister selon son désir ; et, en effet, la taille et les impôts l'avaient tellement ruiné, qu'on s'était emparé de ses meubles, et que l'on avait vendu jusqu'au bétail destiné à la culture des terres ; la bergerie n'aurait pas manqué de faire le même naufrage, si elle n'eût appartenu au propriétaire de la ferme. Ainsi mon hôte avait eu raison de me prévenir sur le traitement que je recevrais de sa part. Il est vrai que dans les commencements de ma maladie je ne lui fus pas fort à charge, puisque pendant plusieurs jours il me fut impossible de prendre la moindre nourriture ; il y a même apparence que j'aurais péri d'inanition, si, au lieu de bouillon nourrissant dont j'étais privé, le bon fermier ne se fût avisé de me donner une sorte de bouillie à l'eau, assaisonnée seulement d'autant de sel qu'il en fallait pour la rendre moins insipide ; il m'en envoyait deux fois le jour dans un vase en forme de grosse carafe, muni d'un bouchon, afin que je pusse l'enfoncer dans le fumier pour la préserver de la gelée. Ce fut là l'unique aliment dont je vécus pendant plus de quinze jours, et, à l'égard de la boisson, il fallait me contenter d'eau toute pure, qu'on m'apportait fort souvent à demi glacée. Quand mon appétit parut exiger des aliments plus solides, les seuls que l'on fut en état de me fournir consistèrent en un peu de soupe maigre et quelques morceaux de pain bis, que la gelée avait tellement durci, qu'on avait été obligé de le couper à coups de hache ; de façon que, malgré la faim qui me pressait, j'étais réduit à le sucer, ou à attendre qu'il fût dégelé par la méthode dont je me servais à l'égard de la bouillie.

» Malgré un régime de vie aussi austère, le pauvre fermier m'avoua qu'il ne pouvait plus en soutenir la dépense, et qu'il allait chercher à s'en débarrasser sur d'autres plus en état que lui de la supporter. Il parla au curé de la paroisse, située à trois quarts de lieue de la ferme où j'étais, lequel consentit qu'on me transportât dans une maison contiguë à la sienne. On me tira donc de mon tombeau le mieux que l'on put, et, après m'avoir emballé dans quelques vieilles nippes et environné de deux ou trois bottes de foin pour me remparer contre la gelée, on me lia sur un âne, et une personne s'étant chargée de marcher à côté de moi pour m'empêcher de tomber, on me conduisit de la sorte jusqu'au village. On trouva en arrivant que j'étais plus qu'à demi mort du froid que j'avais essuyé, et l'on crut que, si j'en réchappais, je resterais au moins perclus de quelque membre. Cela me serait sans doute arrivé si l'on m'eût d'abord approché du feu; mais on eut la sage précaution de me frotter le visage, les bras et les jambes, avec de la neige, jusqu'à ce qu'ils eussent repris le sentiment. Pour ranimer le reste, on me remit dans un gîte pareil à celui dont on m'avait tiré, et huit jours après, le froid s'étant ralenti, on me donna une chambre et un lit, où, par la générosité et tous les bons soins du charitable curé, je ne tardai pas à recouvrer mes forces et ma santé. Mais, par malheur, on m'avertit bientôt que je devais chercher condition, et c'est à quoi je tâchai de me résoudre. »

Voilà notre pauvre enfant de nouveau seul, abandonné, errant; et comme il ne faisait jamais rien sans savoir pourquoi il agissait plutôt d'une façon que d'une autre, il s'informa auprès du curé s'il n'y avait pas sur la terre un pays moins malheureux que la Brie. Celui-ci lui apprit qu'il y avait en effet des pays appelés le Midi, où il faisait chaud toute l'année; où la misère était beaucoup moins grande que dans le Nord. Il examina donc par où se levait le soleil, et il se dirigea de ce côté. Il arriva, après une marche pénible, jusqu'à un village nommé Clisartine, sur les frontières de la Lorraine; il y trouva un berger qui voulut bien le prendre à son service, et il recommença cette vie solitaire qu'il avait déjà menée à Arthenay. Son imagination s'exalta de nouveau; il recommença ses muettes et sublimes méditations sur tous les phénomènes naturels qui le frappaient chaque jour. Sa soif de science s'augmentait sans cesse, et il ne pouvait la satisfaire. Un jour, conduisant paître son troupeau, il alla jusqu'à l'ermitage de la Rochette, où vivait un pieux solitaire nommé Palémon. Le jeune Valentin aperçut l'anachorète lisant son bréviaire, et le supplia, avec des prières toutes pleines de larmes, de lui apprendre à lire. Le vieillard s'empressa de satisfaire ce désir si violent et si louable. Le pauvre enfant venait chaque soir à la cellule, après les fatigues du jour, quelque temps qu'il fît. Souvent aussi le bon vieillard allait rejoindre son élève chéri, et lui donnait ses naïves leçons, tandis que les brebis paissaient sous l'œil du chien vigilant. Mais bientôt ce vieillard et cet enfant s'unirent d'une amitié si vive et si vraie qu'ils ne se voulaient plus quitter. Valentin laissa son maître et vint partager les travaux du vieux Palémon. Mais le pauvre vieillard eut bientôt appris à son élève toute sa science. Il se décida à l'adresser à quatre solitaires de l'ermitage de Sainte-Anne, qui le reçurent avec bonté, lui donnant leurs vaches à garder, et continuèrent son éducation.

« Je commençai, dit-il, une nouvelle carrière, j'appris à écrire; un de nos vieillards me traça les éléments de cet art ingénieux d'une main décrépite et tremblante : un modèle si défectueux ne pouvait produire que de mauvaises copies. Pour ne pas incommoder le bon vieillard et me passer de ses leçons, voici ce que j'imaginai : je détachai de ma vitre un carreau de verre, et, le posant sur mon exemple, j'écrivais sur la surface les mêmes lettres que je voyais au travers ; et ce fut par la répétition de cet exercice qu'en peu de temps j'acquis une assez grande facilité de mal écrire. Un abrégé d'arithmétique, que je trouvai dans un bouquin de la bibliothèque bleue, m'en apprit les quatre règles : cette admirable science, qui, par l'audace de ses calculs, porte le flambeau de la discussion jusque dans les ténébreuses régions de l'infini numéral, fut pour moi une source d'amusements et de plaisirs. Je choisis dans mes bois quelque réduit propre à y étudier, et il m'arrivait assez souvent d'y méditer pendant une partie des belles nuits de l'été. Un soir, que je m'amusais à considérer ces amas de lumière répandus dans l'immensité du ciel, je vins à me souvenir que les almanachs annonçaient qu'à certains jours de l'année le soleil entrait dans des signes que l'on distinguait par des noms d'animaux, tels que le bélier, le taureau, etc. ; je me mis en tête de savoir ce que c'était que ces signes ; et, présumant qu'il y avait peut-être dans le ciel des assemblages d'étoiles qui représentaient des figures d'animaux, j'en fis l'objet de mes spéculations. Je choisis pour cet effet un chêne des plus élevés de la forêt, au sommet duquel je formai un tissu composé de plusieurs branches de viorne et d'osier entrelacées, qui de loin ressemblait assez à un nid de cigogne.

» Chaque soir je me rendais à cet observatoire, où, assis sur une vieille ruche ou corbeille, je me tournais vers les diverses plages du firmament pour y découvrir la figure d'un taureau ou d'un bélier. Comme les miracles de l'optique m'étaient encore inconnus, je n'avais que mes

yeux pour télescope. Après les avoir long-temps fatigués
en vain, j'allais quitter prise, lorsque le hasard me fournit
des notions plus justes et ranima mes tentatives. Ayant
été envoyé à Lunéville un jour de foire, j'aperçus quantité d'images exposées en vente et suspendues le long
d'un mur ; il s'y trouva un planisphère où les étoiles
étaient marquées avec leurs noms et leurs différentes grandeurs. Ce planisphère, une carte du globe terrestre et
celles de ses quatre parties, épuisèrent toutes mes finances, qui se montaient alors à cinq ou six francs. Les ava-
res et les ambitieux seraient presque excusables si la passion qui les domine leur causait un plaisir aussi réel et aussi
vif que le fut celui que me procura la possession de ces six
feuilles de papier. Peu de jours me suffirent pour apprendre
sur la carte les dispositions respectives de la plupart des
constellations ; mais, pour faire une juste application de
cette connaissance, il me fallait un point fixe dans le ciel
propre à servir de base à mes observations. J'avais ouï
dire que l'étoile polaire était la seule dans notre hémi-
sphère qui fût immobile, et que sa situation déterminait
celle du pôle arctique ; mais le moyen de trouver cette
étoile et de déterminer oculairement son immobilité ! Après
plusieurs perquisitions, on me parla d'une aiguille d'a-
cier qui avait la vertu de se tourner vers les pôles du
monde ; prodige que j'eus peine à croire, même en le
voyant. Heureusement pour moi, le plus âgé de nos
druides avait un cadran à boussole qu'il eut la complai-
sance de me prêter. Par le secours de la merveilleuse aiguille, les quatre parties opposées de l'horizon, que l'on
appelle les quatre points cardinaux, me furent bientôt
connues, de même que le rumb des vents, qui était gravé
sur une plaque de cette boussole. Mais comme j'ignorais

l'élévation de l'étoile polaire, et qu'il s'agissait de la connaître, voici le moyen que j'employai pour y parvenir. J'en choisis une qui me parut de la troisième grandeur ; puis, avec une tarière, je perçai une branche d'arbre de moyenne grosseur vis-à-vis de cet astre ; cela fait, en sectateur de Ptolémée, je raisonnai ainsi : Cette étoile est fixe ou mobile : si elle est fixe, mon point d'observation étant fixe aussi, je la verrai continuellement par le trou que j'ai percé, et en ce cas j'aurai ce que je désire ; si elle est mobile, je cesserai bientôt de l'apercevoir, et alors je réitérerai mon opération. Et c'est ce que je fis en effet, sans autre succès que de briser ma tarière. Cet accident me fit recourir à un autre expédient.

» Je pris un beau jet de sureau, que je fendis selon sa

longueur, et, en ayant ôté la moelle, je rejoignis les deux parties avec une ficelle, et je suspendis cette sarbacane à la plus haute branche du chêne qui me servait d'observatoire. Par ce moyen, et avec la facilité que j'avais à diriger et à fixer ce tube vers les différentes étoiles que je voulais observer, j'arrivai enfin à la connaissance de celle que je cherchais. Il me fut aisé après cela de trouver la situation des principales constellations en tirant des lignes imaginaires d'une étoile à l'autre, suivant la projection de mon planisphère ; et alors je sus ce que je devais penser de cette quantité d'animaux dont les poètes ont peuplé le firmament, peut-être faute de la même quantité d'hommes qui méritassent cet honneur.

» Après m'être mis un peu au fait de la carte du ciel, je crus qu'il convenait que je prisse aussi la connaissance de celle de la terre, d'autant plus que la *Vie des Hommes illustres* de Plutarque et l'histoire de Quinte-Cure, que le hasard m'offrit, me rappelèrent les hauts faits d'armes des paladins que j'avais lus dans les merveilleuses histoires de la bibliothèque bleue. Voulant donc connaître les villes, les royaumes et les empires où ces illustres fous s'étaient signalés, je résolus de les suivre à la piste ; mais je risquai bientôt de devenir aussi fou qu'eux. Je n'avais pour toute introduction à la géographie que les cinq cartes achetées avec le planisphère dont j'ai parlé ; je manquai de succomber aux efforts que je fis pour comprendre quel pouvait être l'usage des cercles tracés sur la mappemonde, tels que les méridiens, les tropiques, le zodiaque, etc. Il faut que l'ignorance soit bien naturelle à l'homme, puisqu'il a tant de peine à s'en affranchir. Je fis mille conjectures pour deviner ce que signifiaient ces trois cents petites aires blanches et noires qui partageaient l'équateur. A la fin je les pris pour des lieues ; et, sans hésiter, je conclus que le globe terrestre avait trois cent soixante lieues de circonférence. Ayant fait part de cette belle découverte à un de nos solitaires qui avait été à Saint-Nicolas-de-Barri en Calabre, il m'assura que pour y aller il avait parcouru plus de trois cent soixante lieues, sans s'apercevoir qu'il eût fait le tour de la terre. Je vis par là combien je m'étais trompé : j'en fus outré de dépit ; et peut-être serais-je tombé dans le découragement, sans la rencontre que voici :

» Comme chaque dimanche j'avais coutume d'aller ouïr la messe à l'église des Carmes de Lunéville, m'étant avisé d'entrer dans le jardin du couvent, j'aperçus maître Remy, qui en avait la direction, assis au bout d'une allée avec un livre à la main : c'était la méthode pour étudier la géographie, par le sieur Delaunay. Je suppliai maître Remy de me la prêter, ce qu'il fit de fort bonne grâce. Je me proposais de la copier; mais l'impatience de savoir ce qu'elle contenait me la fit parcourir en m'en retournant dans le désert, et avant que d'y arriver j'appris la réduction des degrés de l'équateur aux mesures itinéraires des différentes nations. Ce fut alors que je connus la véritable petitesse de notre globe, par la comparaison que j'en faisais avec les vastes abîmes de l'espace, dont mon imagination était effrayée.

» Passionné pour la géographie jusqu'à ne rêver d'autre chose pendant mon sommeil, et manquant de tout pour m'y perfectionner, je résolus de trouver des ressources contre mon indigence. Pour y parvenir, je déclarai la guerre aux animaux de la forêt dans le seul dessein de profiter de leurs dépouilles pour acheter des cartes et des livres. Je contraignis les renards, les fouines et les putois à me céder leurs fourrures, dont j'allais recevoir le prix chez un pelletier de Lunéville. Plusieurs lièvres furent assez étourdis pour donner dans mes piéges ; les oiseaux contribuèrent aussi à mon instruction par la perte de leur liberté : de sorte qu'en peu de mois mon industrie me valut environ trente ou quarante écus. Je me rendis ou plutôt je courus à Nancy avec cette somme pour y acheter des livres. Une traduction de l'Histoire naturelle de Pline, Tite-Live, l'Histoire des Incas, celle des cruautés exercées en Amérique par les Espagnols, de Barthélemy de Las-Cases; les Lettres de Bussy-Rabutin, les Caractères de Théophraste, le Testament politique de Louvois, les Fables de l'ingénieux La Fontaine, quelques autres ouvrages, et plusieurs cartes géographiques, épuisèrent mes finances et mon crédit ; je dis mon crédit, car, n'ayant pas assez pour payer tout ce que je viens de spécifier, le bonhomme Truain, mon libraire, sans m'avoir jamais vu ni connu, m'admit malgré moi au nombre de ses débiteurs pour la somme de vingt ou de trente francs. Lui ayant demandé sur quoi sa confiance en moi était fondée : « Sur votre physionomie, me dit-il, et sur votre ardeur pour l'étude ; je lis dans vos traits que vous ne me tromperez point. » Quoique sa bonne opinion ne portât que sur des fondements très-équivoques, je ne laissai pas de lui en savoir gré et de l'assurer que je ferais mon possible pour justifier l'horoscope dont il m'honorait.

»Courbé sous le poids du ballot scientifique que je venais de former, je fis cinq lieues à pied pour regagner ma solitude ; ce qui supposait de la fatigue et plus d'une station avant que d'y arriver. Dès lors ma cellule devint un monde en abrégé, ses murs furent tapissés de royaumes et de provinces en peinture ; et, comme elle était fort petite, j'attachai le planisphère au-dessus de mon grabat ; de sorte que je ne pouvais m'éveiller sans jeter la vue sur des nuages d'étoiles qui n'avaient de lumière que pour l'esprit.

Vous entendrez souvent de par le monde des jeunes gens qui se plaignent de l'injustice des hommes, dire qu'ils ont du talent, et que ce talent est méconnu, mis dans l'oubli ; on vous citera deux ou trois poètes, quelques autres

hommes d'un véritable mérite qui sont morts misérable-
ment sur un lit d'hôpital ou sur le grabat d'une mansarde.
Mais ces exemples sont bien rares; il en apparaît un de
siècle en siècle. La règle générale, constante, c'est que le
travail, la bonne conduite, mènent souvent à la fortune,
toujours à la considération et à la gloire. Dieu veille sur
les enfants laborieux et honnêtes.

Un hasard bien heureux vint en aide au jeune Duval :
en gardant ses vaches, il trouva un beau cachet d'or; c'é-
tait une fortune pour le pauvre vacher; avec le produit
de ce cachet, il allait pouvoir acheter tous les livres qui
lui manquaient encore et qu'il désirait tant. Mais sa joie
fut de courte durée: il réfléchit que ce cachet ne lui appar-
tenait pas, et qu'il n'en pouvait disposer. L'honnête enfant
pria monsieur le curé de vouloir bien, le dimanche suivant, annoncer au prône que le propriétaire du cachet
pouvait le venir réclamer, et qu'on le lui remettrait.

M. Forster, un Anglais
riche et savant, se présenta,
et le jeune pâtre le lui remit;
de grosses larmes s'échappè-
rent malgré lui de ses yeux ; il
avait tant espéré qu'avec ce
cachet il complèterait sa petite bibliothèque, qu'il ne put
voir sans une grande dou-
leur cette chère espérance
s'évanouir. M. Forster, le
voyant si triste, lui demanda
ce qu'il voulait faire du produit de ce cachet s'il l'avait vendu.

Ah! monsieur, répondit-il, j'aurais acheté des livres

13

dont j'ai bien besoin. Mais il n'y faut plus songer, » ajouta-
t-il en se retirant dans sa petite cellule.

M. Forster l'y suivit, et ce ne fut pas sans un grand
étonnement qu'il vit l'ameublement de la chambre du petit pâtre. Des livres étaient soigneusement rangés sur une
planche ; des cartes géographiques tapissaient les murs ;
une sphère était appendue au plafond. Il continua d'in-
terroger le jeune Duval, et il fut si satisfait de ses ré-
ponses, qu'il le conduisit à son château et lui fit choisir dans
sa bibliothèque les ouvrages qu'il désirait le plus.

Grâce à la générosité de ce bon M. Forster, voilà
Valentin Duval à la tête d'une bibliothèque qui lui permet
d'acquérir des connaissances justes et étendues. Chaque
jour il faisait des progrès ; son intelligence se développait.
Les bons religieux chez lesquels il était ne le grondaient
pas trop quand les vaches s'égaraient ou commettaient
quelque dégât ; aussi Valentin Duval n'allait-il jamais aux
champs sans emporter un ballot de livres et de cartes géographiques. Il s'était choisi à l'entrée d'un bois un petit
coin solitaire, bien ombragé, d'où il pouvait cependant
jeter quelques regards de surveillance sur ses vaches, et
il en avait fait un cabinet d'études. Comme il y était un
jour, absorbé dans ses réflexions, un homme jeune encore
et d'une grande distinction l'aperçut, s'approcha, et après
l'avoir long-temps considéré, il lui dit : « Que fais-tu là,
mon ami ? — J'étudie la géographie, répondit l'enfant. —
Mais est-ce que tu y entends quelque chose ? reprit l'étranger. — S'occupe-t-on de choses auxquelles on n'entend
rien ? dit Duval sans se déranger. — Que cherches-tu ? —
Je cherche la route de Québec. — Et que veux-tu aller
faire à Quebec ? — J'ai lu qu'il y avait dans cette ville une
université fameuse, et j'y veux aller étudier. — Mais il y a

des universités beaucoup moins éloignées, mon ami, dit l'inconnu, et, si tu veux, je t'en indiquerai une qui n'est guère loin d'ici. »

Cette offre fit tressaillir le jeune vacher, qui se décida à lever les yeux de sa carte et à regarder son interlocuteur. Quel ne fut pas son étonnement en voyant devant lui un grand seigneur qu'une suite nombreuse accompagnait! Duval resta tout interdit; mais comme il n'était pas timide, il continua la conversation pendant une grande demi-heure avec ce personnage, qui finit par lui dire : « Mon ami, je suis le duc souverain de Lorraine. Je vois avec intérêt votre application à l'étude, les progrès que vous avez faits déjà, et je vous offre ma protection tout entière. »

Valentin Duval quitta bientôt les bons religieux, et entra au collége de Pont-à-Mousson, grâce aux bontés du duc Léopold. Ses études, on le pense bien, furent rapidement terminées; il fut nommé, jeune encore, bibliothécaire du prince de Lorraine et professeur à l'Académie de Lunéville. Puis il alla à Vienne, où l'avait appelé l'empereur François, qui le combla d'honneurs et de richesses.

Je n'aurais pas parlé de la partie la plus touchante de cette laborieuse existence si je ne disais combien cet excellent enfant devint un homme honnête et bienfaisant. Jamais il ne perdit de vue sa pauvre mère et ses jeunes frères; tout malheureux qu'il était étant enfant, tout passionné pour les livres, souvent il leur fit parvenir des secours. Devenu riche, son premier soin fut d'aller revoir son village d'Arthenay, la vieille chaumière où il reçut cette vie dont le commencement fut si pénible. Il assura l'existence de sa famille, et fit construire une maison solide, commode, pour servir d'école et de refuge aux pauvres enfants de la commune.

On dit, pour prouver combien ses inclinations étaient naturellement bienfaisantes, que, passant un jour dans un petit hameau, il demanda un verre d'eau pour se rafraîchir ; on le lui fit attendre long-temps, et quand il sut qu'il avait fallu aller chercher cette eau à plus d'une demi-lieue, parce qu'il n'y avait ni puits ni source dans le hameau, il paya son verre d'eau quatre cents francs, afin que l'on creusât un puits au milieu de ces pauvres habitations. Valentin Jameray Duval vécut jusqu'à l'âge de quatre-vingts ans, et mourut à Vienne en 1772.

Géniole Inv.                EDOUARD VI.                Challamel Lith.

## ÉDOUARD VI

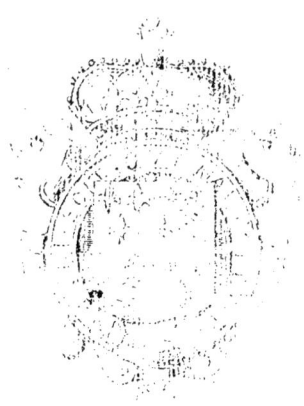

Édouard VI monta sur le trône d'Angleterre à l'âge de neuf ans, et il en avait seize à peine quand il mourut. C'est le bonheur ordinaire du sort de beaucoup de grands hommes; il fut loué et blâmé, attaqué et défendu avec...

# ÉDOUARD VI.

Édouard VI monta sur le trône d'Angleterre à l'âge de neuf ans, et il en avait seize à peine quand la mort vint le frapper. Cet enfant eut le sort de beaucoup de grands hommes, il fut loué et blâmé, attaqué et défendu avec exagération; des historiens le veulent faire passer pour un petit Néron, et d'autres le vénèrent comme un saint et le canonisent sous le nom de saint Édouard. Selon les uns, c'était un prodige de science et de génie; selon d'autres, ce n'était qu'un perroquet intelligent qui répétait avec aplomb les leçons qu'il avait reçues. Ce prince eut le malheur de régner dans un temps où l'Angleterre était divisée par les opinions religieuses. La vérité ne peut se découvrir au milieu des exagérations des deux partis. Ce qui est certain, c'est que ce jeune monarque fut extraordinaire et comme enfant et comme roi. Il succéda au fameux Henri VIII, son père. Ce roi cruel, ambitieux et fantasque, aimait les lettres et les arts, et il fit donner à ses enfants une éducation digne de leur rang. Le jeune Édouard, envers qui la nature avait été prodigue, à qui on avait inculqué, presque au sortir du berceau, l'amour de l'étude et de la science, fit des progrès extraordinaires.

Dès l'âge de six ans il fut mis entre les mains du docteur Cox et du sieur Cheek ; le premier lui donnait des leçons de philosophie et de théologie ; le second lui enseigna les mathématiques et les langues. Avant l'âge de huit ans, il écrivait au roi son père des lettres en latin ; il correspondait dans la même langue avec l'archevêque de Cantorbéry, son parrain et son oncle maternel.

Son père se prétendait l'infaillible représentant de Dieu sur la terre. Il ne manqua pas de flatteurs pour persuader au fils qu'en héritant du trône il avait aussi hérité des prérogatives paternelles. Cet encens sacrilége ne troubla point la raison du jeune Édouard. Roi, et pour ainsi dire plus que roi, il ne fut que plus ardent à l'étude, plus exact à l'accomplissement de ses devoirs, comme homme et comme chef d'un grand peuple.

Enfants ! les rois ne sont plus aujourd'hui ce qu'ils étaient au temps d'Édouard VI : leur pouvoir a été bien rapetissé ; on a cassé pour le moins la moitié de leur sceptre. Et cependant, quand vous entendez raconter toutes ces grandes fêtes dont ils sont l'objet, quand on vous dit leur existence toute entourée de luxe, de gloire, de ri-

chesses, d'éclat; quand vous les voyez encensés par tous
les dignitaires de l'état, toutes ces grandeurs vous éblouis-
sent, n'est-il pas vrai? vous leur portez envie, et vous
vous prenez à dire cette vieille et menteuse maxime : *Heureux comme un roi*. Mais s'il vous fallait acheter au prix
de leurs travaux, des devoirs pénibles qui leur sont impo-
sés, ce rang suprême, vous lui préféreriez bientôt votre
sort obscur, mais libre, indépendant.

L'étude avait été presque toute la vie d'Édouard avant
qu'il ne montât sur le trône; devenu roi, son temps fut
encore plus impérieusement consacré aux choses sérieuses.
Il passait la matinée avec ses maîtres, puis il allait au conseil de ses ministres, s'occupait des affaires politiques et
religieuses de son royaume; il recevait les ambassadeurs
des puissances étrangères, donnait audience à ses sujets;
toute la journée était prise par ces graves occupations;
pas un instant ne lui restait pour les jeux si chers à l'enfance, pour ces longues promenades dans les belles campagnes, sous les frais ombrages, avec la bonne liberté des
champs; et souvent quelles douleurs poignantes le venaient
accabler! Son oncle conspira contre lui, et il dut signer sa
condamnation à mort. Les querelles religieuses agitaient
alors l'Angleterre, et trop souvent ses ministres le forçaient
à punir ceux qui ne partageaient pas leurs opinions. Il
devait lui coûter d'autant plus de sévir, qu'il avait le cœur
excellent. Son plus grand plaisir, ses plus grands amusements étaient d'aller par les rues de Londres, accompagné
de quelque lord de son intimité, et de distribuer lui-
même des aumônes aux pauvres. Il favorisait les plus
jeunes, ceux de son âge; il causait avec eux, s'informait
de leurs parents et de la vie qu'ils menaient. Rentré au
palais, il se remettait à l'étude ou aux affaires de l'état.

On conserve dans le collége de la Trinité, à Cambrige, divers ouvrages qu'Édouard VI composa dès l'âge de treize ans. M. de Lazzey, dans sa grande histoire d'Angleterre, dit que ce journal est entièrement de la main de ce jeune roi, et qu'il ne mérite pas moins d'admiration que les Commentaires de César. « S'il n'est ni si éloquent ni rempli de si grands événements, il renferme au moins tout ce qui s'est passé de considérable sous le règne de ce prince; les historiens anglais ont tiré toutes leurs instructions de ces mémoires. »

Tous les soins de ce prince marquent l'amour qu'il portait à ses sujets. Il prenait soin de l'éducation de leurs enfants, sortant à peine de l'enfance lui-même; et tout mineur qu'il était, il méritait déjà le glorieux nom de père du peuple : il acheva de s'en rendre digne en pourvoyant au soulagement des misérables et à la subsistance des pauvres. C'est dans l'exercice de ces actes de piété et de charité qu'il passait toute sa vie; mais cette existence, qui aurait pu faire le bonheur de l'Angleterre, ne fut pas de longue durée. Il languissait, dès le mois de janvier (1553), d'une fluxion qui lui tomba sur la poitrine; quelques-uns disent qu'il avait été empoisonné par un bouquet qu'on lui donna le premier jour de l'an. L'opinion la plus générale de ce temps-là accusait le duc de Northumberland d'être l'auteur d'un parricide si détestable.

Sa maladie ne l'empêcha jamais de s'appliquer aux affaires de l'état, encore bien moins à ses devoirs de piété.

Nous ne finirons pas cet abrégé biographique sans parler d'une des actions les plus remarquables de cette vie si pleine de bonnes œuvres et si courte cependant.

Ridley, évêque de Londres, prêchant à Whithal de-

vant le roi, avait pris pour son texte la *charité* envers les pauvres, obligation indispensable de tous les hommes, mais plus grande encore en la personne des princes. Il dit « que Dieu ne les avait élevés sur le trône que pour
» répandre de là leurs bienfaits ; que plus il les avait com-
» blés de biens, plus ils en devaient aux malheureux, puis-
» que ces biens ne pouvant remonter à lui, il avait institué
» les pauvres en sa place pour recevoir leurs libéralités ;
» que la bienfaisance, cette vertu toute divine, était aussi
» toute royale ; qu'elle reluisait éminemment en Dieu
» comme dans sa source, et qu'elle devait briller dans les
» rois comme les images vivantes de la divinité. »

Édouard avait l'habitude d'écrire sur ses tablettes les plus beaux endroits des sermons, qu'il écoutait toujours avec beaucoup d'attention ; il fut pénétré de celui-ci. Ayant appelé l'évêque, il le conduisit dans les galeries du palais, le fit asseoir près de lui et l'obligea de se

couvrir : « Votre sermon, lui dit-il, m'a touché ; j'ai pris pour moi tout ce que vous avez dit du devoir des princes : ils ne sont que les économes des trésors que Dieu met en leurs mains pour les dispenser aux pauvres. Plus ce que je tiens de la libéralité de Dieu est considérable, plus grand aussi est le compte qu'il m'en faut rendre. Aidez-moi, mylord, à m'en acquitter, et après m'avoir disposé à la charité par vos exhortations générales, donnez-moi vos directions en particulier, pour les dispenser à propos. »

Ridley, vivement touché de tant de piété et de munificence, demanda au prince quelque temps pour s'entourer des conseils du maire et des aldermen, et lui soumettre ensuite le résultat de leurs recherches et de leurs vues.

L'affaire fut soigneusement examinée dans une conférence qui eut lieu entre ces magistrats et vingt commissaires des quartiers de Londres. On y trouva convenable de ranger les pauvres en trois classes : la première comprenait les fous, les imbéciles et les impotents ; la seconde, les malades et les invalides ; la troisième, les fainéants que l'oisiveté plonge dans la misère, et que celle-ci conduit ensuite à de méchantes actions. Mention fut faite du nombre de ceux qu'on devait ranger dans chaque classe, et l'on conclut qu'on devait prendre soin de la nourriture et de l'entretien des premiers, du soulagement et de la guérison des seconds, mais que les derniers étaient moins dignes d'assistance qu'ils n'avaient besoin de correction et de châtiment.

Le roi adopta ces dispositions. Il donna l'église des Cordeliers, près de Newgate, avec ses revenus, aux orphelins et nécessiteux de la première classe ; érigea en hôpital général l'église de Saint-Barthélemy, près de Smithfield, pour les malades et les invalides ; fit présent à la ville de son palais de Bridewel, ancienne demeure des rois d'Angleterre, pour y tenir, dans le travail, les coureurs et les fainéants; il assigna des fonds sur ses revenus pour l'entretien de l'hôpital et de la maison de Bridewel; il confirma l'établissement de l'hôpital Saint-Thomas, qu'il avait donné à la ville dès l'année précédente, en augmenta les revenus, et réédifia la maison principale.

Cela fait, il rendit grâce à Dieu de lui avoir donné assez de jours pour achever cet ouvrage de charité avant de mourir; car il sentait que sa mort devait être prochaine, la maladie faisant chaque jour de plus grands progrès. Une femme inconnue jusque alors se présenta au palais, et promit de guérir le roi, si on le confiait à ses soins. On eut la faiblesse, et peut-être la cruauté, de se rendre aux avis de cette empirique. Après quelques jours de son traitement, il ne fut plus possible de conserver l'espoir de sauver le roi; les médecins avaient déclaré qu'ils ne connaissaient rien à la maladie qui l'entraînait au tombeau : et on supposa que l'arrivée de cette femme qui hâta sa mort n'était qu'une nouvelle machination de Northumberland.

Édouard mourut le 6 juillet à Greenwich, sans qu'on dise si son corps avait été ouvert. Ses funérailles se firent sans pompe, mais la douleur du peuple leur servit d'ornement. Il ne vécut que seize ans et n'en régna que six et demi. Il serait difficile de dire quels vices il eut et quelles vertus lui manquèrent; la piété les couronna toutes. Sa mort fut digne de sa vie. Il vécut en roi, tout enfant qu'il était; et tout roi qu'il était, il mourut avec l'innocence d'un enfant.

Cardan honora sa mémoire par l'épitaphe qui suit :

Que tout l'univers fonde en larmes :
Par la mort d'Édouard il perd son ornement :
Le trône, la vertu, la jeunesse et les charmes.

Tout semble avec ce roi descendre au monument.
  Urne, où ses cendres sont encloses,
Souffrez-nous de graver ces vers sur son tombeau :
Edouard eut le sort qu'ont les plus belles choses :
Ainsi passent les lis, ainsi passent les roses :
Leur règne n'a qu'un jour  aussi court qu'il est beau.

Le corps d'Édouard VI fut porté à Westminster et mis auprès de celui d'Henri VII, son aïeul. L'Angleterre vénère encore aujourd'hui la mémoire de ce jeune et infortuné prince.

On voit sa statue dans l'abbaye de Westminster.

## VOLNEY BECKNER.

Volney Beckner était fils d'un pauvre matelot irlandais : on devine aisément quelle fut l'éducation de cet enfant, destiné à passer, comme son père, sa vie entière sur un navire. A peine put-il marcher, qu'on le mit dans l'eau et qu'on lui apprit à nager. Son père aimait à le prendre dans ses bras et à se précipiter avec lui au sein des flots; puis il le hissait sur les vergues du navire, et le forçait à s'y tenir debout et ferme pendant la tourmente; une autre fois il lui enseignait à grimper après les cordages, à parvenir au haut des mâts, à se précipiter ensuite à la mer. A peine âgé de six ans, le jeune Volney Beckner nageait comme un poisson et grimpait comme un singe : deux facultés précieuses pour un petit mousse qu'il était.

Comme fils de matelot, il fut incorporé jeune encore dans la marine anglaise. Il n'avait encore que douze ans, ce brave petit pilotin, quand il s'immortalisa par la belle action que nous allons raconter.

Il était à bord du navire *la Danaé*, qui venait du Port-

au-Prince en France. Il y avait sur ce vaisseau, comme
passager, un riche Américain, avec sa fille unique, jeune
et blonde enfant de dix ans. Cette jeune fille, comme tous
les enfants élevés sur les côtes de la mer, aimait à voir le
spectacle grandiose des phénomènes maritimes. Ce jour-
là, la mer avait été calme, polie comme un lac glacé, la
brise était douce et fraîche ; c'était un spectacle ravissant
que cette immensité si majestueuse ; la pauvre enfant s'y
plaisait. On était sur la fin du jour ; le soleil disparaissait
à l'horizon, projetant au loin des teintes roses. Tout-à-
coup, la mer se plaît à ces changements subits et imprévus,
ce calme muet et solennel est interrompu par un bruit
lointain. Une épaisse fumée se lève à l'horizon, grise,
sombre ; elle approche rapide et menaçante ; les matelots,
accoutumés à deviner la tempête, crient à la petite Américaine de quitter le pont ; mais, sourde à leur voix, elle
restait immobile, contemplant avec extase cette tempête
qui s'approchait. Cependant la mer se couvrait de *mou-
tons* ; des rafales brèves soulevaient les flots, qui, sous la
forme de collines mobiles, venaient follement éclater en
mille pièces étincelantes contre le navire, et inondaient le
pont. La petite fille, loin d'être effrayée, se jette volontiers
au-devant de cette pluie. Les matelots, occupés à la man-
œuvre, l'avaient oubliée ; soudain un fort mouvement de
tangage fait pencher le vaisseau avec violence. L'enfant,
peu habituée à ces mouvements brusques, perd l'équilibre,
pousse un cri et disparaît sous les ondes furieuses.

Heureusement ce cri a été entendu, un matelot a vu la
robe brune de cette enfant à travers l'écume des vagues
blanchissantes ; à l'instant il s'élance après la jeune im-
prudente ; il plonge dans cette immensité. Pendant quelques minutes l'équipage attentif n'aperçoit ni le matelot

ni la jeune fille. L'Américain, le pauvre père, est là sur le pont, immobile et comme pétrifié, sondant d'un œil avide la profondeur des flots. Bientôt un point noir s'aperçoit; c'est le matelot, soutenant entre ses dents la petite fille; il nage avec courage, il lutte avec succès contre les flots. Quel est ce nageur intrépide? personne ne le sait; il s'est précipité dans la mer avec la rapidité de l'éclair; pas un seul ne l'a reconnu. Cependant le jeune Volney Beckner, voyant la marche de cet audacieux nageur, a bientôt compris que ce ne pouvait être que son père. Il le suit de l'œil avec inquiétude, prêt à s'élancer dans les eaux et à lui porter secours s'il le voyait faiblir; mais le vieux matelot est dans son élément et se joue de la tempête. Cependant bientôt il décline de la ligne droite qui devait le conduire au navire et décrit une courbe. Un instant après, on voit apparaître non loin de lui la gueule monstrueuse d'un requin. Volney a compris le danger, et tandis que tout s'agite sur le pont, que les plus braves n'osent affronter la tempête et l'animal vorace pour secourir leur camarade, que le père de la petite fille se désole et pousse des cris de désespoir, le jeune pilotin a saisi un sabre, l'a mis dans ses dents, et s'est jeté silencieusement à la mer. Bientôt on le voit se diriger hardiment vers le monstre; mais celui-ci approche de sa proie; encore quelques instants, et il engloutit le matelot et la jeune Américaine. Tout-à-coup on voit ce monstre plonger avec fureur; des teintes rouges se mêlent à l'eau blanche des flots: c'est le jeune Volney qui s'est glissé sous le requin et qui lui a enfoncé son sabre dans le ventre. L'animal lâche alors sa première proie et s'élance après son agresseur. Beckner le père arrive bientôt au navire et rend à un père éploré sa fille, qu'il croyait à jamais perdue. Mais quel n'est pas son désespoir en voyant son propre fils courir les dangers auxquels il vient d'échapper, grâce à son dévouement! Cependant le jeune pilotin, voyant son père sauvé, nage directement après le navire. Le requin, blessé et perdant son sang, le suit avec mollesse, et cependant de très-près; enfin, après une cruelle et longue inquiétude, un cri de joie est unanimement poussé par l'équipage témoin de cette longue et inégale lutte. Le jeune Beckner est aussi sauvé; il a saisi le cordage qu'on lui a jeté, il s'y cramponne, et on le tire avec vigueur. Le requin n'a cependant pas perdu de vue sa proie; on le croyait loin; il n'avait fait que plonger pour prendre un plus vigoureux essor; il s'élance avec fureur après son ennemi, qui déjà était à quelques pieds au-dessus des eaux; il l'atteint par le milieu du corps, et sépare en deux cet intrépide et malheureux enfant.

BOUFFLERS.

Bien des enfants se sont il-
lustrés par leur courage au milieu des camps. Froissard dit
dans sa chronique qu'on a vu
de son temps des enfants de
l'âge de huit ans [...]
[...] comme de [...] soldats.

[...] aux canonniers de leur [...]
en manquaient. Combien de traits de ce genre ne trouve-
t-on pas dans l'histoire de nos guerres révolutionnaires!
Qui ne connaît [...] Paris,
qui [...] combattant avec ardeur
pendant les journées de juillet 1830, laissa tomber sa casquette, [...] après, la lui chercher à
travers le feu [...] des soldats de Charles X?

Le canonnier qui sauve le Bouclier doit être placé au
premier rang parmi nos jeunes héros, non seulement
parce qu'il [...] un courage égal à celui des plus va-
leureux guerriers, [...] parce qu'il a fait preuve d'une

## AMBROISE DE BOUFFLERS.

Bien des enfants se sont il-
lustrés par leur courage au milieu des camps. Froissard dit
dans sa chronique qu'on a vu
de son temps des enfants de
l'âge de huit à neuf ans se battre comme de vieux soldats,
affronter la mitraille, et aller
avec le plus grand sang-froid
chercher des boulets lancés par
les ennemis, pour les rapporter
aux canonniers de leur parti qui
en manquaient. Combien de traits de ce genre ne trouve-
t-on pas dans l'histoire de nos guerres révolutionnaires?
Qui ne connaît l'action courageuse de ce gamin de Paris,
âgé de onze à douze ans, qui, en combattant avec achar-
nement pendant les journées de juillet 1830, laissa tomber sa casquette, et, s'en étant aperçu, l'alla chercher à
travers le feu et la mitraille des soldats de Charles X ?

Le chevalier Ambroise de Boufflers doit être placé au
premier rang parmi ces jeunes héros, non seulement
parce qu'il a montré un courage égal à celui des plus va-
leureux guerriers, mais parce qu'il a fait preuve encore

17

dans l'enfance de connaissances militaires qui auraient
honoré un vieux capitaine.

Ambroise de Boufflers naquit en 1734. Il était fils du
comte de Boufflers, et petit-fils de Louis-François, duc de
Boufflers, gouverneur de Flandre, l'un des meilleurs généraux de Louis XIV.

C'est à l'école de cet illustre professeur que le jeune de
Boufflers apprit l'art des combats, les devoirs du soldat et
du citoyen. Vous auriez vu ce vieux général jouant aux
soldats avec cet enfant, après lui avoir enseigné les premiers éléments des sciences, vous l'auriez entendu raconter à son petit-fils les longues campagnes de Flandre, et
profiter de toutes les occasions offertes par le récit pour
lui donner de ces solennelles leçons qui se gravent et se
burinent dans la mémoire des enfants; si bien que le jeune
élève, à peine âgé de huit ans, brûlait déjà du saint amour
de la patrie et aurait voulu braver la mort sur les champs
de bataille. L'éducation fait les hommes. Il est rare que les
parents qui ont déposé dans le cœur de leurs enfants des
semences de morale et de vertu, de sciences et de probité, ne voient pas ces germes heureux fructifier et produire de nobles hommes, des citoyens utiles et hono-
rables.

Louis XV, du fond de son cabinet de Versailles, faisait
alors la guerre en Allemagne (1744). Mais tandis que le
monarque chasseur cherchait dans les bois de Saint-Germain des victimes craintives, ses soldats rencontraient de
terribles ennemis sur les bords du Mein. Il s'agissait alors
d'une de ces guerres dites de succession, guerres où les
rois, dans leur intérêt privé, entrechoquaient leurs peu-
ples, et faisaient mourir des milliers de leurs plus braves
sujets, pour soutenir les rêves de leur ambition ou leurs

fantaisies. Marie-Thérèse d'Autriche et Charles-Albert de Bavière se disputaient la couronne impériale. Le roi d'Angleterre, Georges II, qui soutenait Marie-Thérèse, était venu avec son plus jeune fils, le duc de Cumberland, se mettre à la tête de ses troupes.

Le duc de Noailles commandait l'armée française; il appelait auprès de lui tous les gentilshommes, toute la noblesse de France. Le père du jeune de Boufflers reçut aussi l'ordre de venir rejoindre l'armée, et sans retard le noble comte se prépara aux combats.

Aussitôt que le jeune de Boufflers connut le prochain départ de son père, il lui vint une de ces inspirations subites, impérieuses, qui ne vous laissent aucun repos : il avait conçu le projet d'aller en guerre avec lui.

Et ne croyez pas qu'il va chercher mille détours craintifs, mille petites ruses pieuses pour arriver à son but : comme un soldat qu'il était déjà, plein de franchise et d'audace, il va trouver son grand-père, qui ne pouvait plus combattre, et lui dit : « Grand-papa, vous voudriez bien, n'est-il pas vrai, aller à la guerre avec mon père? Je suis sûr que votre sang bouillonne dans vos veines quand vous voyez ces armes qu'on remet à neuf, ces coursiers qu'on arme en guerre.» Une larme roule aussitôt dans l'œil du vieux général. « Ne vous désolez pas, grand-papa, continua l'enfant : il y aura deux Boufflers dans les armées du roi; car je veux aller y tenir votre place auprès de mon père, et prouver que j'ai su profiter des leçons que vous m'avez données. » Puis le jeune héros se jette dans les bras du vieillard; il l'entraîne auprès de son père, qui ne peut résister à ses prières ni à celles du vieux duc, qui était tout transporté de joie en voyant à son petit-fils cette chevaleresque ardeur qui lui rappelait les plus beaux moments de sa jeunesse.

Quelques jours s'étaient à peine écoulés, qu'on vit un matin une grande activité régner dans l'hôtel Boufflers. M. le comte devait ce jour-là même partir pour l'armée : les chaises de poste étaient dans la cour ; les chevaux impatients hennissaient ; les domestiques s'agitaient autour d'eux. Le moment solennel de la séparation était arrivé. Cependant madame la comtesse de Boufflers ne connaissait encore qu'une partie de la vérité ; on avait cru devoir lui cacher jusqu'au moment fatal le départ de son fils, qu'elle aimait avec idolâtrie, comme une mère seule sait aimer. Quand elle sut qu'il fallait se séparer à la fois de son fils et de son époux, elle fut inconsolable. Cependant elle aussi était fille d'un héros ; elle sut faire violence à ses sentiments maternels, et donna entre mille baisers sa bénédiction à son héroïque enfant.

A cette époque, le fils d'un comte, un chevalier, comme était le jeune de Boufflers, naissait capitaine, et quand il arrivait à l'armée, eût-il été ignorant et sans courage, il commandait de vieux soldats broyés au métier des armes, instruits et courageux. Le jeune de Boufflers ne voulut pas user des prérogatives de sa naissance. Pour être bon capitaine, lui avait dit son aïeul, enfant, il faut avoir été bon soldat. Enrôlé dans le régiment que M. le comte de Boufflers commandait, l'enfant commença par le commencement : soldat, il coucha sur la dure, il mangea à la gamelle du soldat, il passa les nuits au bivouac,

dans les postes avancés, en sentinelle, l'arme au bras.

Bientôt il mérita les premiers grades, les galons de laine, et puis les épaulettes d'argent du guidon.

A peine installé dans son nouveau régiment, notre jeune officier voulut en remplir les périlleuses fonctions. Voici comme il raconte lui-même, dans une lettre à sa mère, ce qui lui arriva pour son début.

« Chère maman, ne soyez pas inquiète ni tourmentée en voyant que mon écriture est si tremblée ; je n'ai pas encore l'habitude d'écrire de la main gauche, et j'ai eu la droite un peu blessée hier par le sabre d'un houlan, qui voulait me prendre mon joli drapeau. C'eût été beau, n'est-ce pas, de me le laisser enlever par l'ennemi quand je ne l'avais encore que depuis trois heures ? car c'est hier que papa m'a confié le guidon que j'ai bravement défendu, je vous le jure. A peine étais-je installé dans mon emploi d'officier, qu'il m'a fallu escorter une compagnie de cent vingt cavaliers qui allaient au fourrage ; nous allions là comme à une promenade. Mais voilà qu'à notre retour nous sommes enveloppés par une bande de ces vilains Allemands, qui tombent sur nous en poussant des cris. D'abord cela m'a un peu étourdi ; mais bientôt la présence d'esprit m'est revenue, et j'ai fait le coup de pistolet comme un autre, je crois. Nous n'avons perdu personne ; et le plus malade de l'affaire, c'est mon pauvre chapeau, qui a été percé de trois balles ; heureusement on pouvait le remplacer. Je n'ai pas besoin de vous dire, chère maman, si papa m'a bien embrassé quand il m'a vu revenir au camp. Il vous dira lui-même si je me suis bien conduit dans ma première affaire. Quant à moi, je me sens la main gauche si fatiguée, que je n'ai plus que la force de vous dire que tous les matins et tous les soirs je prie le bon Dieu de me faire la grâce de vous revoir quand la campagne sera terminée. »

Dieu n'exauça pas les prières de ce pieux et héroïque enfant. Il ne devait plus revoir sa mère chérie.

Cependant la guerre devenait de jour en jour plus pénible; les deux armées en présence s'observaient et s'inquiétaient sans cesse. C'étaient des escarmouches continuelles, dangereuses, des veilles qui accablaient le soldat et l'épuisaient. On résolut d'en finir et de livrer une bataille décisive, qui mettrait un terme à ces sanglantes discussions.

Les armées étaient alors dans l'ancien électorat de Mayence, sur les bords du Mein, près d'un village nommé Ettingen. Tout était en faveur des Français. L'armée ennemie souffrait des plus grandes privations et était découragée. Le duc de Noailles, commandant l'armée française, avait pris les plus sages et les plus savantes dispositions.

Le matin de cette désastreuse journée, le jeune de Boufflers vint trouver son père dans sa tente, et lui dit : « Voici la première bataille où je vais combattre pour le service du roi. Je ferai bien mon devoir, mon père ; mais avant de m'exposer aux dangers, je viens chercher votre bénédiction et vous embrasser... »

Le comte de Boufflers pressa son fils sur son cœur ; les larmes lui coulaient des yeux : « Cher enfant, lui dit-il, j'espère que nous nous reverrons et que nous serons victorieux ; mais à coup sûr l'action sera chaude, et si nous ne nous revoyons plus, reçois mes adieux... Encore un baiser pour ta mère ! »

A ce moment, les trompettes donnaient le signal du départ. Les deux Boufflers allèrent se placer à la tête de leurs soldats, et une heure n'était pas écoulée, que déjà la bataille était engagée sur tous les points.

On était si sûr du courage de cet enfant et de sa ferme résolution, qu'on lui confia un poste fort important. A la tête de ses cavaliers, le jeune capitaine y fit bonne contenance pendant toute la bataille, qui fut terrible. Le carnage dura plusieurs heures. Au moment où les Français, après avoir culbuté plusieurs corps de l'armée ennemie, se regardaient comme victorieux, le roi Georges fit faire à ses troupes un mouvement inattendu qui surprit le duc de Noailles et décida de la bataille en faveur des Allemands. La déroute de l'armée française devint bientôt générale ; en vain Boufflers vit-il cette débandade, en vain le canon renversait-il tout ce qui était autour de lui ; aucun ordre ne lui arrivait pour quitter son poste ; il y resta jusqu'à ce qu'ayant lui-même la jambe gauche fracassée, il tomba sous son cheval.

Alors un vieux soldat, qui restait presque seul debout, voyant tomber son jeune capitaine, s'approche de lui, le prend sur ses épaules, et bat en retraite vers les ambulances. Plusieurs fois il est arrêté dans sa course par les ennemis ; mais il s'écrie qu'il porte le chevalier de Boufflers, et les soldats s'arrêtent pour laisser passer ce courage malheureux.

Le pauvre enfant, remis dans les bras de son père, apprit bientôt que sa blessure était des plus graves, et qu'il fallait au plus vite faire l'amputation de sa jambe. La plus morne douleur régnait sur la figure de ceux qui l'entouraient. Voyant cette consternation, il demanda si l'on pouvait mourir de cette opération; au silence lugubre qui suivit cette question, il comprit tout le danger; il demanda une demi-heure pour se préparer à la mort. Sa première occupation fut d'écrire à sa mère.

« Chère maman, je viens de recevoir une blessure à la jambe; je ne vous cacherai pas qu'il faut absolument qu'on me la coupe. Je souffre plus que je ne pourrais vous dire; mais c'est moins de mon mal que de la douleur que vous allez ressentir de ce malheur. Je pense bien survivre à l'opération; mais, si Dieu en ordonne autrement, que j'aie au moins la consolation de vous embrasser dans cette lettre. Qu'elle soit pour vous, chère maman, une nouvelle preuve de mon tendre souvenir et de ma reconnaissance pour vos bienfaits. »

Quand il eut achevé, Ambroise de Boufflers confia avec résignation sa jambe blessée à l'instrument du chirurgien. M. de Boufflers était là qui tenait les mains de son fils et qui lui disait en pleurant : « Du courage! mon ami, du courage! — J'en ai plus que vous, » lui répondit-il en souriant. Mais tout-à-coup le sourire s'effaça, le courageux enfant pâlit. « Ah! je meurs, » dit-il d'une voix étouffée. Une seconde après, le chevalier de Boufflers n'existait plus. Il avait dix ans à peine.

## UN PRIX MONTHYON.

I n'y a pas long-temps encore que
vivait à Paris un homme dont le
nom est aujourd'hui vénéré dans
toute l'Europe; il était alors obscur, car il cachait avec soin les
immenses bienfaits qu'il répandait
en tous lieux. Il était riche, bon,
charitable; cela se voit rarement.
Il estimait peu le talent s'il ne se
proposait un but moral et utile;
et il n'encourageait les écrivains qu'autant que leurs
ouvrages pouvaient porter les hommes à la vertu. Il fit
ainsi toute sa vie. Il pensa que, lui mort, ceux qu'il
avait secourus, encouragés, ne le seraient peut-être

18

plus par personne s'il n'y pourvoyait. Il craignit que les vertus obscures, qu'il allait, lui, découvrir dans les mansardes de Paris, dans les chaumières des villages lointains, ne restassent dans leur triste obscurité et ne reçussent aucun secours, aucune récompense en ce monde. Peut-être ces craintes étaient-elles fondées. Il voulut donc continuer ses bienfaits même après sa mort; et par son testament il laissa à l'Académie Française une rente de 40,000 francs pour récompenser chaque année l'ouvrage le plus utile aux mœurs, la plus belle, la plus vertueuse action, toute amélioration apportée dans l'art de guérir et dans les métiers insalubres. Cet homme, vous l'avez deviné, le nom de M. de Monthyon est dans toutes les bouches. Que de vertus obscures, que de nobles dévouements, qui n'auraient été récompensés que dans le ciel, l'ont été par lui sur la terre! J'ouvre au hasard ce *Livre d'or* où sont enregistrés depuis près de vingt ans les noms de ceux qui ont obtenu ces récompenses offertes à la vertu et au courage, et je rencontre un trait touchant d'un enfant qui a bien mérité sa place dans notre Panthéon.

Le jeune Serres habite Gimont, dans le département du Gers. Il a douze ans à peine. Un jour, le 2 mai de l'année 1859, il entend un grand bruit. Deux enfants, de quatre ans chacun, jouaient ensemble sur la place publique, exposés à tous les périls, comme il arrive partout où la maternelle institution des salles d'asile ne veille pas sur l'enfance. Ils montent sur le puits de la ville, s'y jouent, s'y précipitent. Tout le monde accourt. Mais que fera-t-on? On délibère, on se lamente. « Nous avions perdu tout sang-froid, » disent naïvement les habitants dans leur procès-verbal. Heureusement Serres a conservé le sien. Il de-

mande une échelle. Elle est trop courte. On la tiendra. Il
descend. Elle était trop courte en effet. Mais l'un des deux
enfants est debout, tend les mains, aide à sa propre déli-
vrance. En se penchant, Serres peut le saisir; il le re-
monte péniblement, mais ne faiblit pas, ne se décourage
pas, et le rend à ses parents.

Et l'autre! il n'a point paru. Il est sous l'eau. Il est
perdu. Serres redescend, sans que de tous ces hommes
aucun se soit avisé au moins d'avoir une échelle moins pé-
rilleuse pour l'intrépide enfant. Cependant il va, il se
baisse, il n'arrive point jusqu'à l'eau. Que fera-t-il? Il se
suspend, il se tient du pied au dernier échelon, puis il

plonge, il cherche avec effort. On tremble pour tous les deux. Un moment on ne voit plus rien, on le croit perdu. Il a senti l'enfant, il l'a saisi sans connaissance, mort peut-être. N'importe, il le rendra à la lumière. Comment s'y prend-il? On ne le sait plus. Dans les actions généreuses on a, quand il le faut, une force surhumaine. Enfin il reparaît avec son fardeau. Tous deux sont sauvés, car l'enfant put à la longue être rappelé à la vie.

L'Académie Française décerna au jeune Joseph Serres un prix de 1,500 francs.

Cet intrépide enfant vit encore; puisse-t-il ne pas démentir les belles promesses de son enfance, et donner un jour à la France un citoyen utile!

# FRANÇOIS DE BEAUCHATEAU.

O n ne nous pardonnerait pas sans doute de passer sous silence la vie du jeune François de Beauchâteau. Ce fut en effet un enfant célèbre en son temps, et peut-être le plus célèbre des jeunes poètes français. Nous ne saurions non plus disconvenir qu'il a mérité la prodigieuse réputation qu'il obtint; et cependant ce n'est pas sans une certaine contrainte que nous écrivons sa vie.

On ne peut en effet se défendre d'un sentiment pénible lorsqu'on voit cet enfant, qui aurait été un poète remarquable, ne devenir qu'une espèce de petite machine à flatteries.

M. de Beauchâteau était comédien; il eut deux fils, et malgré les occupations et les dissipations ordinaires de son état, il s'occupa de leur instruction avec un soin mi-

nutieux et tout particulier. Les auteurs qui ont parlé de
ces enfants avouent qu'ils n'avaient aucunes dispositions
naturelles bien extraordinaires, et qu'ils durent tout ce
qu'ils devinrent à l'étude seule. Le jeune François fut le
plus précoce des deux frères. A peine âgé de cinq ans,
il savait parfaitement lire et écrire; on lui avait en outre
appris plusieurs morceaux de poésie qu'il récitait avec
une grâce et une intelligence parfaites. Dès ce moment, les
parents de cet enfant, enthousiastes de ses succès, le don-
nèrent en spectacle à leurs amis. Bientôt leur maison fut
un théâtre trop étroit pour cette petite renommée crois-
sante; on le produisit au dehors. Les hommages qu'on
donnait au jeune Beauchâteau n'eurent pas, comme cela
se voit ordinairement, pour effet de lui inspirer une telle
suffisance qu'il se crût assez savant et qu'il négligeât de se
perfectionner dans les sciences dont il n'avait encore que
les premiers éléments. A huit ans, cet enfant possédait
déjà plusieurs langues; il connaissait le grec et le latin, et
il commençait à parler italien et espagnol; à onze ans,
si on en doit croire ses panégyristes, non seulement il
était très-instruit de l'histoire et de la géographie, mais
encore de la philosophie.

Quoi qu'il en soit, ce n'est pas par ces études qu'il devint
célèbre, mais par la poésie. On peut voir par ses vers qu'il
ne manquait ni d'esprit ni de facilité. Il commença, dit-on,
à rimer dès l'âge de sept ans; mais ce ne fut que vers sa
dixième année qu'il fut amené à la cour et qu'il y fit sa
prodigieuse réputation. La reine Anne d'Autriche, ayant
entendu dire des merveilles du jeune Beauchâteau, le voulut voir un jour. L'enfant, amené à la cour, n'y fut aucu-
nement intimidé. Depuis long-temps habitué au monde,
accoutumé à tourner fort agréablement de petits compli-

ments aux personnes puissantes chez lesquelles on le me-
nait, non seulement il ne se déconcerta pas, mais encore
sut, par d'adroites flatteries, s'attirer les bonnes grâces
de la reine, qui le prit sur ses genoux, l'embrassa et lui
fit des présents magnifiques. Il n'en fallut pas davantage
pour mettre à la mode le petit Beauchâteau. Les courtisans suivirent l'exemple de la reine; et comme l'enfant
faisait dans ses vers l'éloge de tous les gens auxquels il
était présenté, tout le monde l'aima et le protégea.

En l'année 1645, il fut du voyage de Compiègne. C'est
là qu'on le présenta à cette fameuse reine de Suède, Chris-
tine, qui était venue en France chercher le repos après
son abdication. Il eut aussi le bonheur de plaire à cette
femme célèbre, à cette reine extraordinaire; elle obtint
pour lui de nouvelles faveurs. Il lui adressa à cette occasion une épître que nous citerons comme une de ses meil-
leures, et aussi pour donner une idée de son talent.

Une reine, la plus savante
Que le Nord ait jamais produit,
A voulu protéger le fruit
De ma muse faible et naissante,
Disant au plus puissant des rois
Qu'il faut que sa main libérale
M'exempte des sévères lois
Que le Parnasse nous étale :
Ainsi cette grande princesse,
En sollicitant pour mon bien,
Veut imiter la divine sagesse,
Faisant quelque chose de rien.

Ce fut dans ce voyage qu'on enferma Beauchâteau dans
un cabinet, pour être bien convaincu qu'il n'était aidé par
personne dans ses productions poétiques. Il soutint cette
épreuve avec un grand succès : non seulement il y composa

en fort peu de temps les vers qui lui furent demandés,
mais encore plusieurs pièces de circonstance, dont voici, à
mon avis, la plus remarquable :

> Certain homme me dit un jour
> Qu'on ne voit pas de laide amour
> Ni de prison qui nous soit chère ;
> Et moi je soutiens le contraire ;
> Car un prince étant mon geôlier,
> Je consens d'être prisonnier,
> Et ne veux point qu'on me délivre,
> Pourvu qu'en ma prison par lui j'aie pour vivre.

Le cardinal Mazarin était alors le maître, le véritable
roi. Le jeune Beauchâteau fit des vers non seulement à
sa louange, mais à la louange de chacun des membres de
sa famille. Je citerai encore ceux qu'il fit pour M$^{me}$ de
Mancini, sœur du cardinal, mère des fameuses demoiselles
de Mancini.

> Si Jule établit son empire
> Par sa douceur et par ses soins,
> Vous, mère des Beautés, pour qui chacun soupire,
> Pouvez bien vous vanter de n'en faire pas moins ;
> Car sitôt que l'on voit vos filles sans pareilles,
> L'on cède à des charmes si doux.
> Ainsi, votre heureux frère et vous
> Ne produisez que des merveilles.

Le ministre récompensa le poète naissant, et lui apprit
de bonne heure que la flatterie est le meilleur chemin
pour arriver à la fortune. Il le fit inscrire sur le livre des
pensions et le combla de faveurs.

Le jeune Beauchâteau publia à cette époque, il avait
onze ans, un recueil de ses poésies, sous ce titre : *Lyre
du jeune Apollon, ou Muse naissante du petit Beauchâteau.*

C'est, je crois, le seul livre de poésie qui ait été publié par un aussi jeune poète. On peut juger du talent de l'auteur par les vers que nous avons cités déjà; on y remarque une grande facilité et beaucoup d'esprit. Cependant la lecture de ce volume est on ne peut plus fatigante. Ce ne sont que flatteries, ce ne sont que louanges d'un bout à l'autre; l'auteur donne de l'encensoir à tous les princes, à tous les ministres, à tous les courtisans, aux généraux, aux princesses, aux duchesses. Ce recueil eut un succès immense; cela ne devait pas manquer. On y chercherait en vain une idée profonde, morale, utile.

Tous les poètes de cette époque louèrent à l'envi cette *Muse naissante*. Elle flattait tout le monde; tout le monde la flatta. On lit au bas de son portrait, placé en tête de ses œuvres, dessiné par le fameux Hens, et que nous reproduisons fidèlement :

Il n'a pas sujet de se plaindre
Si l'on ne réussit à faire son portrait ;
On n'en peut jamais voir qu'un croquis imparfait :
Comme il est tout esprit, on ne saurait le peindre.

Outre les épîtres, madrigaux, sonnets, le recueil contient encore quelques imitations des poètes latins. Elles sont en général spirituellement rendues, et font vivement regretter qu'on n'ait pas donné à cet enfant une meilleure et plus utile direction. Je citerai le quatrain suivant :

Tu ne feras pas de larcins :
Ce précepte s'adresse aux leveurs de subsides.
Mais ne commets point d'homicides :
Celui-ci, ce me semble, est pour les médecins.

La fin de ce jeune poète est tout-à-fait étrange : vers l'âge de treize ans, il passa en Angleterre, on ne sait trop dans quel but. Il y fut reçu avec distinction par le farouche Cromwell, et il obtint de l'autre côté du détroit un succès non moins grand qu'en France. Tout-à-coup cette renommée si étincelante s'éteignit sans qu'on ait pu savoir précisément par quelle catastrophe, par quel malheur subit. La version la plus accréditée le fait partir pour la Perse, dans le désir d'étudier les langues orientales. Le vaisseau qui le portait aurait été accueilli d'une horrible tempête ; un grand nombre de passagers périrent, et Beauchâteau fut du nombre des naufragés.

Cette perte est sans doute bien regrettable : cet enfant, qui était savant et spirituel, aurait compris plus tard que le poète est appelé sur la terre à une autre mission que celle d'encenser les puissants et les riches. Flatteries et flatteurs sont bientôt oubliés.

## ENFANCE DE DU GUESCLIN.

eut-on se rappeler sans admiration la belle mort du *bon* connétable du Guesclin ? Il allait ajouter à ses nombreux exploits la prise de Châteauneuf de Rendon. Le gouverneur avait promis de se rendre, et le lendemain l'armée française devait entrer dans la ville. La mort vint brutalement enlever le vainqueur à son triomphe; et cependant, tout mort qu'il était, la vénération que les ennemis mêmes avaient pour lui était si grande, que le gouverneur vint déposer aux pieds du connétable sans vie les clefs de la forteresse. Ennemis et amis confondirent leurs larmes sur cette tombe glorieuse. Le guerrier méritait bien ces regrets unanimes ; car ses dernières paroles avaient encore été une preuve de la noblesse de ses sentiments. « *En quelque pays que vous fassiez la guerre*, avait-il dit à ses capitaines éplorés, *n'oubliez pas que les gens d'église, les femmes, les enfants, et le pauvre peuple, ne sont pas vos ennemis.* » Généreuse leçon dont il donna l'exemple durant toute sa vie.

Est-ce que chacun n'a pas dans sa mémoire un sanctuaire où il conserve le souvenir de ces événements simples et grands qui résument la vie d'un homme de bien et de génie? Est-ce qu'on ne désire pas aussi bien vivement connaître quels ont été les commencements d'une vie si noblement terminée?

Bertrand du Guesclin naquit en Bretagne, au château de la Motte-Broon, près Rennes, en 1311. Comme Turenne, il montra dès son enfance le goût le plus décidé pour les combats. L'éducation à cette époque était bien différente de celle qu'on donne aux enfants de nos jours. Les nobles mettaient au bas des actes publics une croix ou l'empreinte de leurs armes au lieu de signature, déclarant ne savoir écrire, attendu leur qualité de noble. La force était la loi suprême qui gouvernait le monde; le meilleur guerrier était le plus adroit et le plus intrépide; la qualité la plus estimée dans un noble était la vaillance : aussi les nobles n'apprenaient-ils à leurs enfants qu'à bien se servir de la hache, de la lance et de l'épée, qu'à dompter un cheval et à le manier avec grâce et adresse. Telle fut l'éducation du jeune du Guesclin. Ces exercices augmentèrent encore l'ardeur naturelle de son caractère. Sa mère disait de lui : « *Il n'y a pas de plus mauvais garçon au monde ; il est toujours battant ou battu.* » De fait, il ne manquait jamais une occasion de donner ou de recevoir des taloches; mais il n'était pas *mauvais garçon.* Il pansait les blessures qu'il avait faites, il consolait les vaincus

qu'il avait terrassés; son caractère bouillant l'emportait,
mais il était bon. Tout noble, tout seigneur qu'il était,
il ne dédaignait pas une *batterie* avec les enfants du peuple.
Il n'avait pas plus de treize ans, lorsqu'il rassembla une
petite armée d'enfants de son village et des villages voisins; il organisa, dit-on, cette armée avec une rare intelligence. Il l'instruisit selon une espèce de science militaire qu'il n'avait apprise de personne et qu'il créait lui
seul. Le jeune général soufflait dans tous les cœurs cette
ardeur guerrière qui le possédait. Souvent il divisait sa
petite armée en deux bandes, livrait des batailles qui com-
mençaient par des jeux et finissaient presque toujours
par de sérieux combats. Les uns s'en retournaient éclop-
pés, les autres éborgnés; presque tous ne rapportaient au
logis que des lambeaux de leurs vêtements. Ces jeux n'eurent pas l'avantage, on le pense bien, de plaire infiniment aux parents des jeunes guerriers; l'armée de du
Guesclin fut donc bientôt licenciée.

Notre général ne put supporter la honte d'une telle
disgrâce sur le théâtre même de ses exploits. Il quitta
brusquement la maison paternelle et s'exila volontaire-
ment à Rennes, chez un de ses oncles. A peine arrivé, il
apprend qu'il y a dans la ville un endroit où les enfants du
peuple s'exercent à la lutte; dès lors il n'a plus d'autre
pensée que celle de voir ces jeunes lutteurs et de prendre
part à leurs jeux; et cependant il comprend qu'il serait
imprudent à lui de faire connaître à son oncle le désir
qu'il a de se mêler à ces combats bien au-dessous de sa
condition. Aussi n'est-ce qu'à force de ruses qu'il amène
son parent à le conduire sur le théâtre de ces luttes. Un
jeune garçon avait eu tous les honneurs de la journée;
il se promenait au milieu du cercle des spectateurs, jouis-

sant de son triomphe, et cherchant en vain un adversaire
qui voulût se mesurer avec lui. En un instant le jeune du
Guesclin est dans l'arène, attaque vigoureusement le vainqueur orgueilleux, et le force bientôt à demander merci,
aux applaudissements de tous.

On cite un combat plus digne de lui, où il se distingua
lorsqu'il n'avait pas plus de quinze ans. En ce temps-là,
les chevaliers bretons publièrent un tournoi où ils appe-
lèrent les chevaliers les plus braves de France et d'Angleterre. Le jeune Bertrand va trouver son père, le supplie
de le laisser aller combattre dans ce tournoi; mais son
extrême jeunesse, la fougue indomptable de son caractère, causaient à son père de justes inquiétudes, il lui refusa
sa demande. Cependant le jeune du Guesclin ne pouvait se
résoudre à manquer une aussi belle occasion de déployer
son courage et son adresse. Les difficultés ne l'arrêtent pas.
Aucun des amis de son père ne veut lui prêter un cheval
et des armes pour aller au tournoi, il emprunte un lourd
coursier à un meunier qui n'ose le lui refuser; il se pro-
cure on ne sait comment des armes grossières; et au jour
fixé il se trouve au rendez-vous. Comme il ne portait pas
les armes de sa maison, personne ne reconnut ce pauvre
chevalier si piteusement équipé; on ne croyait pas qu'il
pût avoir la pensée de se mesurer avec les plus vaillants
et les plus illustres des chevaliers bretons et anglais.
Quelle ne fut pas la surprise des spectateurs quand vers
le milieu du tournoi on le vit se présenter pour briser une
lance avec un combattant qui venait de mettre successivement trois chevaliers hors de combat! L'étonnement fut
au comble quand on vit ce chevalier inconnu attaquer le
vainqueur tout orgueilleux avec une rare intrépidité, le
presser, le désarçonner enfin. Deux autres chevaliers se

présentèrent et eurent le même sort; mais un troisième parut dans le champ clos. Aussitôt le jeune vainqueur baissa sa lance et refusa le combat. Il avait reconnu son père en voyant sur son écu les armes de la maison de du Guesclin. Les spectateurs ne pouvaient comprendre cette conduite étrange; mais ils en eurent bientôt l'explication en voyant le fils lever la visière de son casque et se jeter dans les bras de son père, non moins étonné qu'attendri. Dès ce moment, la valeur du jeune du Guesclin ne se démentit jamais. Il n'est pas de mon sujet de raconter ses innombrables victoires. Toute sa vie fut noble et grande. Il vendit ses domaines pour nourrir ses soldats, et il protégea toujours le pauvre peuple contre les nobles et les riches. Il n'avait jamais tant de bonheur que quand il s'entendit appeler le *bon connétable.*